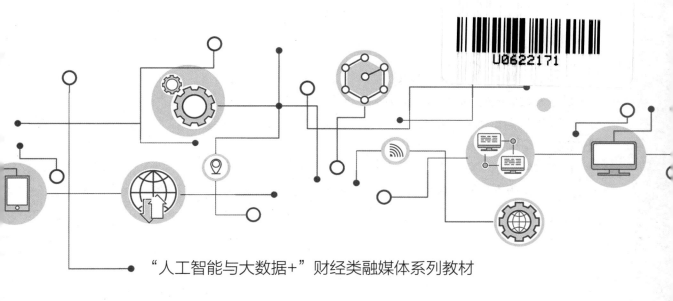

"人工智能与大数据+"财经类融媒体系列教材

FINANCIAL BIG DATA ANALYSIS

财务大数据分析

高晟星　何海波　苏永彪　◎主　编
任雪艳　马志超　陈　晨　陆家寅　◎副主编

ZHEJIANG UNIVERSITY PRESS
浙江大学出版社
·杭州·

图书在版编目（CIP）数据

财务大数据分析 / 高晟星，何海波，苏永彪主编 .
杭州 : 浙江大学出版社，2025.1. -- ISBN 978-7-308-
24926-3

Ⅰ. F275

中国国家版本馆 CIP 数据核字第 20252JP425 号

财务大数据分析

CAIWU DASHUJU FENXI

高晟星　　何海波　　苏永彪　　主编

策划编辑	李　晨
责任编辑	郑成业
责任校对	高士吟
封面设计	春天书装
出版发行	浙江大学出版社
	（杭州市天目山路 148 号　邮政编码 310007）
	（网址：http://www.zjupress.com）
排　　版	杭州林智广告有限公司
印　　刷	杭州捷派印务有限公司
开　　本	787 mm × 1092 mm　1/16
印　　张	19
字　　数	405 千
版　　次	2025 年 1 月第 1 版　2025 年 1 月第 1 次印刷
书　　号	ISBN 978-7-308-24926-3
定　　价	58.00 元

内 容 提 要

　　本教材是校企"双元"合作开发的工作手册式教材，围绕大数据财务分析工作岗位任务进行编写。本教材选择 Power BI 作为技术工具，利用 Power BI 数据建模与可视化技术，从零开始采集行业大数据、上市公司财报数据等信息，通过清洗、建模、可视化等过程建立用于企业开展大数据业财分析的数据仓库，并进行大数据企业财务综合分析等项目任务的实训实践，帮助学习者更好地理解和应用业财数据，提升决策效率和质量。本教材共四个项目，包括财务大数据分析与商业智能；大数据采集、建模与可视化基础；财务大数据分析数据仓库；企业财务大数据综合分析。

　　本教材既可以作为高等职业教育财经大类课程教学用书，也可作为职业财会人员更新大数据知识和技能的参考用书。

随着新兴数字技术的快速发展、加快成熟和商业转化，数字经济正以前所未有的速度重塑全球商业图景。在数字商业蓬勃发展的浪潮中，数字零售作为最具活力的领域之一，通过智能推荐系统、全渠道销售网络、实时库存管理等创新实践，创造了"人货场"深度融合的新生态。商务部发布的相关报告显示，我国网络零售市场规模已突破15万亿元，直播电商、社交电商等新业态持续推动着零售行业的数字化转型。在此背景下，财务大数据分析已从传统的报表核算升级为支撑商业决策的智能中枢，成为连接消费者行为数据、供应链运营数据与财务价值数据的核心纽带。

大数据分析工具是多样的，考虑到财务人员或相关财经类专业学生的技术能力基础，本教材选择Power BI作为技术工具，利用Power BI数据建模与可视化技术，基于经典财务分析方法在大数据背景下的应用，开展企业财务大数据综合分析等项目任务的实训实践，帮助学习者更好地理解和应用业财数据，提升决策效率和质量。

本教材是校企"双元"合作开发的工作手册式教材，共包含四个项目。项目一是财务大数据分析与商业智能，通过一个简单的案例让学习者建立起对业财大数据的整体认识。项目二是大数据采集、建模与可视化基础，详细介绍了Power BI工具的使用方法和技巧，包括数据的导入、处理、分析和可视化等各个环节。项目三是财务大数据分析数据仓库，从零开始采集行业大数据、上市公司财报数据等信息，通过清洗、建模、可视化等过程建立用于企业开展大数据业财分析的数据仓库。项目四是企业财务大数据综合分析，进一步结合财务领域的案例，展示了如何运用Power BI进行业财数据的深度分析和可视化展示。通过构建"数据采集—建模分析—商业洞察"的完整闭环，本教材致力于培养既懂财务分析又具备商业数据思维的复合型人才。

本教材具有以下特点。

一、课程思政引领全面育人

本教材不仅注重财务大数据分析与可视化技能的传授，更强调数字经济背景下教学内容和职业能力的变化挖掘新的思政育人点，帮助学生树立技能成才、技能报国的人生理想，使数字强国的理念深入人心；培养学生按照《中华人民共和国数据安全法》合理合法开展数据收集的意识；树立遵守数据使用的法律法规、尊重用户隐私、保护数据安全的观念，提升数据伦理意识。

二、循序渐进构建完整技能体系

本教材在内容安排上逻辑清晰，层次分明。从业财大数据的基本认知到 Power BI 工具的使用方法和技巧，再到业财分析数据仓库的建立以及业财数据的深度分析和可视化展示，各个项目之间层层深入、紧密相连，形成了一个完整的技能体系。这种系统性的安排有助于学习者逐步深入，全面掌握业财大数据分析与可视化的相关技能知识，为后续的学习和实践打下坚实的基础。

三、数据驱动培养数据思维方式

数据是决策的重要支撑，只有通过深入的数据分析，才能做出更加明智和准确的决策。业财分析数据仓库的建立是本教材的特色项目，学习者能够利用 Power BI 从零开始自主建立大数据业财分析的数据仓库。通过自主建立业财分析数据仓库，深入了解数据仓库的设计、实施和管理过程，学习者不仅可以提升自己的技能水平，还能够更好地理解企业的业财运作和数据分析过程。这将为他们未来的职业发展打下坚实的基础，使他们能够更好地适应和应对不断变化的市场环境。

四、校企合作设计丰富教学资源

深耕产教融合，职业院校与北京融智国创科技有限公司携手共同打造丰富的教学资源。本教材配套财务大数据分析教学实践平台（fbda.chinaive.com），内含完备的课程标准、课程讲义、学习课件和教学视频。同时，也为每一个任务提供了详细的实操步骤和截图指导，学生在实际操作过程中能够轻松上手，避免因操作不当而导致的学习困扰。学生可以通过移动终端扫描教材二维码学习，提高学习效率和效果。

本教材获杭州科技职业技术学院教材建设基金立项资助，由杭州科技职业技术学院高晟星副教授、南宁职业技术大学何海波副教授、黄河水利职业技术学院苏永彪副教授担任主编，杭州科技职业技术学院任雪艳和马志超、南宁职业技术大学陈晨、北京融智国创科技有限公司陆家寅副总裁担任副主编。具体分工如下：苏永彪、陈晨负责项目一的撰写，何海波、马志超负责项目二的撰写，高晟星、任雪艳负责项目三和项目四的撰写，陆家寅负责企业资料的收集、整理和审核工作。

由于 Power BI 的更新频率较高，加之编者水平有限，书中难免存在疏漏与不妥之处，敬请广大读者批评指正。

编　者

2024 年 6 月

CONTENTS

目　录

项目一　财务大数据分析与商业智能　　**001**

　　任务 1　连锁企业业财数据可视化分析的实践任务　　003

项目二　大数据采集、建模与可视化基础　　**024**

　　任务 1　区分一维表和二维表的实践任务　　026

　　任务 2　数据获取的实践任务　　030

　　任务 3　数据整理的实践任务　　040

　　任务 4　管理关系的实践任务　　072

　　任务 5　新建列和新建度量值的实践任务　　078

　　任务 6　DAX-数据分析表达式的实践任务　　082

　　任务 7　常用可视化图表的实践任务　　087

　　任务 8　自定义可视化图表的实践任务　　105

　　任务 9　图表美化的实践任务　　112

　　任务 10　图表筛选、钻取和编辑交互的实践任务　　116

项目三　财务大数据分析数据仓库　　**127**

　　任务 1　采集上市公司股票名称与代码信息样表的实践任务　　129

　　任务 2　按地域板块采集股票分组表的实践任务　　153

　　任务 3　按概念板块采集股票分组表的实践任务　　169

　　任务 4　按行业板块采集股票分组表的实践任务　　178

　　任务 5　股票分组表合并的实践任务　　189

　　任务 6　采集上市公司财务报表主表的实践任务　　197

　　任务 7　创建数据仓库和关系模型的实践任务　　214

项目四　企业财务大数据综合分析　224

　　任务 1　资产负债表交互式分析　226

　　任务 2　利润表交互式分析　259

　　任务 3　现金流量表交互式分析　278

　　任务 4　企业综合财务交互式分析　286

参考文献　296

项目一　财务大数据分析与商业智能

📖 项目目标

◆ 知识目标 ◆

1. 理解数据维度表和事实表的区别；

2. 掌握 Power BI 商业智能分析的一般流程；

3. 掌握 Power BI 导入数据的方法；

4. 掌握在 Power Query 中整理数据的基本方法；

5. 掌握在 Power BI 中进行数据建模的方法；

6. 掌握在 Power BI 中选用并设置卡片图、条形图、柱形图、散点图（气泡图）等常见可视化元素的方法。

◆ 技能目标 ◆

1. 能够区别数据维度表和事实表；

2. 能够明确自助式商业智能分析工具的一般流程（数据获取与整理、数据建模、数据可视化）；

3. 能够选用并设置卡片图、条形图、柱形图、散点图（气泡图）等常见可视化元素；

4. 能够结合企业运营数据，掌握 Power BI 商业智能分析的一般流程。

◆ 素质目标 ◆

1. 围绕数据思维和系统思维，培养学生的数据分析和解释能力；

2. 帮助学生树立技能成才、技能报国的人生理想，使数字强国的理念深入人心。

📖 思维导图

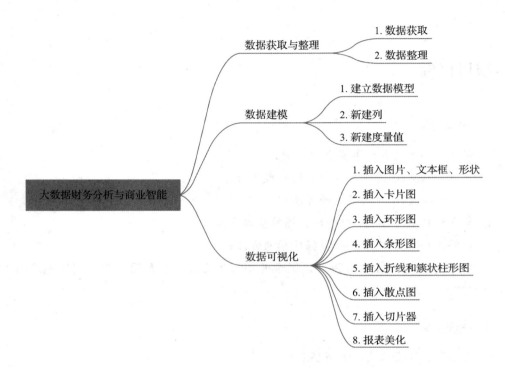

📖 思政专栏

习近平总书记高度重视数字中国建设，作出一系列重要论述，强调要加快建设数字中国，构建以数据为关键要素的数字经济，推动实体经济和数字经济融合发展。中共中央、国务院印发《数字中国建设整体布局规划》，进一步为加快建设数字中国提供顶层设计和战略指引。数字中国建设是数字时代推进中国式现代化的重要引擎，对于全面建设社会主义现代化国家、全面推进中华民族伟大复兴具有重要意义。面对严峻复杂的国际形势，年轻人应担当起中华民族伟大复兴的历史使命，用实际行动践行技能成才、技能报国的理念，将个人理想与国家命运紧紧联系在一起，紧盯"卡脖子"领域，以科学严谨的态度、破釜沉舟的决心、敢为天下先的勇气，以创新驱动发展占据技术制高点，不断提升我国发展的独立性、自主性、安全性，努力为实现高水平科技自立自强，推动构建新发展格局、实现高质量发展和高水平安全作出应有贡献。

📖 情境导入

"融智轻食"是一家起源于北京市的全国连锁食品店，在全国 20 个省份共拥有 22

家店铺，主要加工并销售肉类、主食、零食等产品。其加工并销售的肉类产品包括鱼排、牛排和鸡胸肉三种，主食包括全麦面包和粗粮两种；每日零食产品包括坚果和花生酱两种。公司的销售经理找到数据分析中心的主管，希望其从各店的POS（销售时点）信息系统中提取并整理门店数据、日期数据、产品数据和销售数据（2019年和2020年），利用Power BI的可视化分析功能，通过各店相关数据的横向、纵向对比分析，找到存在的问题，发现新的销售增长点。（说明：本案例为纯模拟案例）

任务1 连锁企业业财数据可视化分析的实践任务

📖 任务描述

视频资源

一、任务总目标

以"融智轻食"从其各店的POS信息系统中提取并整理的门店数据、日期数据、产品数据和销售数据为样本，利用Power BI的可视化分析功能，通过各店相关数据的横向、纵向对比分析，找到存在的问题，发现新的销售增长点。

二、任务要求

本任务需利用Power BI的可视化分析功能呈现"融智轻食"销售数据看板（图1-1-1），具体展示其不同产品在不同时间以及不同门店的销售金额情况。通过该销售看板进行各店铺相关数据的横向、纵向对比分析，并且尝试发现其销售业务中可能存在的问题，或者探索新的销售增长点。

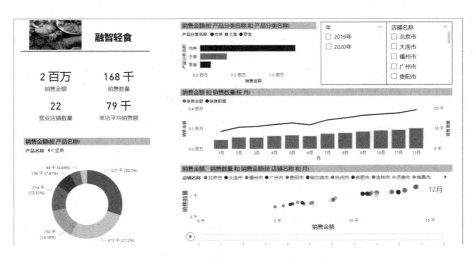

图1-1-1 融智轻食销售数据看板

附件：融智轻食 logo.png

　　　　融智轻食 - 案例数据 .xls

　　　　融智轻食 - 案例数据 .xlsx

　　网址：fbda.chinaive.com

📖 任务实施

一、数据获取

步骤 1：单击"主页"页签下的 Excel 命令，或者从视图窗格中单击"从 Excel 导入数据"。具体操作如图 1-1-2 所示。

图 1-1-2　向报表中添加数据

步骤 2：打开相应文件夹，选择"融智轻食 - 案例数据 .xlsx"文件，然后单击"打开"按钮。具体操作如图 1-1-3 所示。

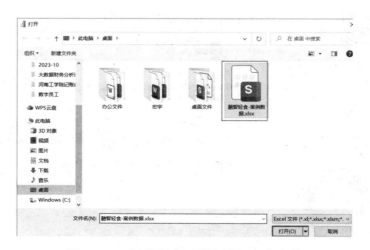

图 1-1-3　"融智轻食 - 案例数据 .xlsx"文件

步骤3：单击选中"产品表、门店表、日期表、销售表"四张表，然后单击"加载"按钮。具体操作如图1-1-4所示。

图 1-1-4 加载报表

步骤4：单击左上角 🖫 命令，选择相应的存储位置，输入文件名"融智轻食 - 快速可视化分析"（扩展名默认：pbix），然后单击"保存"按钮。具体操作如图1-1-5所示。

图 1-1-5 保存文件位置

二、数据整理

（一）调整字段类型

步骤 1：执行"主页→转换数据→转换数据"命令，具体操作如图 1-1-6 所示，进入 Power Query 编辑器窗口。

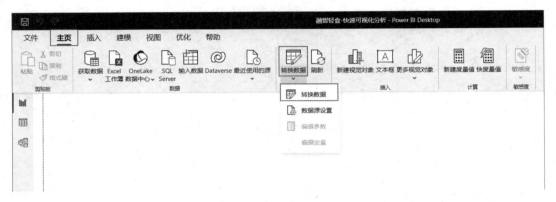

图 1-1-6　执行"主页→转换数据→转换数据"命令

步骤 2：单击"日期表"，再单击"年"字段前的"▦"图标，选择"文本"命令。具体操作如图 1-1-7 所示。

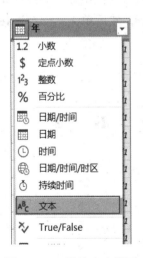

图 1-1-7　转换文本类型

步骤 3：单击"替换当前转换"按钮，同理调整"月"字段为文本型。调整后结果如图 1-1-8 所示。

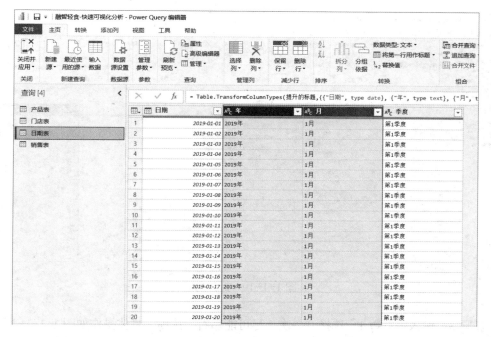

图 1-1-8　调整"月"字段为文本型

（二）添加月份排序依据列

步骤 1：单击"月"字段，执行"添加列→重复列"命令。具体操作如图 1-1-9 所示。

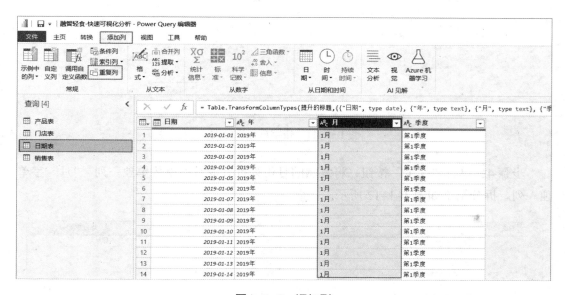

图 1-1-9　添加列

步骤 2：自动添加与月份数据相同的列，执行"转换→拆分列→按字符数"命令。具体操作如图 1-1-10 所示。

图 1-1-10　拆分列

步骤 3：输入字符数 1，选择"一次，尽可能靠右"选项。具体操作如图 1-1-11 所示。

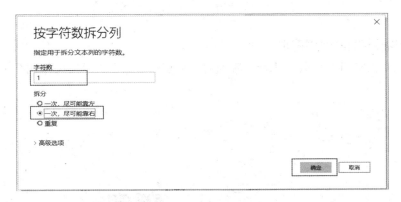

图 1-1-11　按字符数拆分列

步骤 4：单击"确定"按钮，将复制的月份列拆分成月份整数单独一列、"月"字单独一列。拆分结果如图 1-1-12 所示。

	日期	ABC 年	ABC 月	ABC 季度	123 月-复制.1	ABC 月-复制.2
1	2019/1/1	2019年	1月	第1季度	1	月
2	2019/1/2	2019年	1月	第1季度	1	月
3	2019/1/3	2019年	1月	第1季度	1	月
4	2019/1/4	2019年	1月	第1季度	1	月
5	2019/1/5	2019年	1月	第1季度	1	月
6	2019/1/6	2019年	1月	第1季度	1	月
7	2019/1/7	2019年	1月	第1季度	1	月

图 1-1-12　拆分结果展示

步骤 5：选中"月 - 复制 .2"列，单击右键删除该列。双击"月 - 复制 .1"列，将其改名为"月排序依据"。结果如图 1-1-13 所示。

	日期	年	月	季度	月排序依据
1	2019/1/1	2019年	1月	第1季度	1
2	2019/1/2	2019年	1月	第1季度	1
3	2019/1/3	2019年	1月	第1季度	1
4	2019/1/4	2019年	1月	第1季度	1
5	2019/1/5	2019年	1月	第1季度	1
6	2019/1/6	2019年	1月	第1季度	1
7	2019/1/7	2019年	1月	第1季度	1

图 1-1-13 列重命名

注意：Power Query 编辑器窗口中，系统自动记录操作过的步骤，若要回退，可在窗口右侧单击右键删除操作过的步骤。具体操作如图 1-1-14 所示。

图 1-1-14 删除操作过的步骤

（三）删除空行、删除错误

步骤 1：选中"销售表"，执行"主页→删除行→删除空行、删除错误"命令。

步骤 2：执行"文件→关闭并应用"命令，退出 Power Query 编辑器。

三、数据建模

（一）建立数据模型

步骤 1：单击 Power BI 窗口左侧的 模型图标，显示表之间的关联关系，"产品表""门店表"与"销售表"自动关联，将维度表拖放到事实表的上方，具体操作如图 1-1-15 所示。

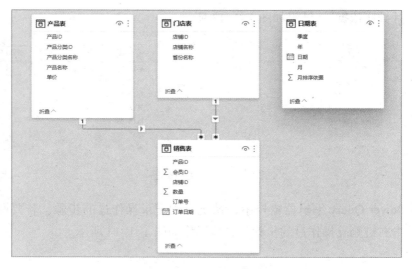

图 1-1-15　关联表

步骤 2：单击"日期表"中的"日期"，拖动鼠标到"销售表"中的"订单日期"，建立"日期表"与"销售表"之间的关联。操作结果如图 1-1-16 所示。

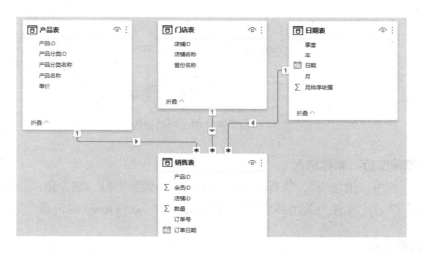

图 1-1-16　建立"日期表"与"销售表"的关系

（二）新建列

步骤 1：单击 Power BI 窗口左侧的 ▦ 数据图标，选择窗口右侧的"销售表"，单击"订单号"右侧的下拉箭头，选择"以升序排序"。具体操作如图 1-1-17 所示。

图 1-1-17　订单号升序排列

步骤 2：执行"表工具→新建列"命令，修改数据类型。具体操作如图 1-1-18 所示。

图 1-1-18　修改数据类型

步骤 3：在公式编辑器窗口，输入公式——单价 = RELATED（'产品表'［单价］），系统会启动智能感知功能，可选择输入公式。具体操作如图 1-1-19 所示。

图 1-1-19　输入公式

英文格式的单引号用来引用表名，如"'产品表'"表示引用产品表。

英文格式的中括号用来引用列名或度量值名，如"［单价］"表示引用单价列。

"RELATED（）"函数是 DAX 提供的一个关系函数，当两个表之间建立了关系，就可以使用该函数访问与之关联的表中的列。

在一对多关系中，"RELATED（）"函数可以从"多"端访问"一"端，即在"多"表中使用"RELATED（）"函数，可以从相关联的"一"表中匹配到唯一值。如果没有与之匹配的行，"RELATED（）"函数会返回空值。例如，"产品表"中的"产品 ID"具有唯一性，"产品表"属于"一"表。"销售表"中对于相同的"产品 ID"具有多个值，"销售表"属于"多"表。"产品表"和"销售表"通过"产品 ID"建立关系，在"销售表"中使用"RELATED（）"函数，可以从"产品表"中匹配到相应的单价。

步骤4：继续新建列，在公式编辑器窗口，输入公式——金额＝'销售表'［数量］＊'销售表'［单价］。具体操作如图1-1-20所示。

订单号	订单日期	店铺ID	产品ID	会员ID	数量	单价	金额
N2000001	2019年1月1日	111	3002	1495	3	4	12
N2000002	2019年1月1日	104	3002	8769	2	4	8
N2000003	2019年1月1日	110	3002	3613	5	4	20
N2000004	2019年1月1日	110	1001	5860	8	23	184

图1-1-20　输入销售金额公式

（三）新建度量值

销售金额＝SUM（'销售表'［金额］）

销售数量＝SUM（'销售表'［数量］）

营业店铺数量＝DISTINCTCOUNT（'销售表'［店铺ID］）

单店平均销售额＝［销售金额］/［营业店铺数量］

"SUM（）"函数是求和函数，只能对数值进行求和，不能对文本字符进行求和。

"DISTINCTCOUNT（）"函数用来计算非重复项目的数目，也就是去重后的数目。Excel透视表有计数这一功能，但无法直接实现重复项目的去重，"DISTINCTCOUNT（）"函数专为解决这个问题而设。

注意："DISTINCTCOUNT（）"函数的计数结果包含空值，如果要跳过空值，需使用"DISTINCTCOUNTNOBLANK（）"函数。本任务在数据整理环节删除了空行，不存在空值，所以选用"DISTINCTCOUNT（）"函数。

步骤1：选择"销售表"，执行"表工具→新建度量值"命令。具体操作如图1-1-21所示。在"主页"菜单下，也可以找到"新建度量值"命令。

图1-1-21　新建度量值

步骤2：在公式编辑栏输入度量值公式——销售金额＝SUM（'销售表'［金额］）。具体操作如图1-1-22所示。

	订单号	订单日期	店铺ID	产品ID	会员ID	数量	单价	金额
1	销售金额 = SUM('销售表'[金额])							
	N2000001	2019年1月1日	111	3002	1495	3	4	12
	N2000002	2019年1月1日	104	3002	8769	2	4	8
	N2000003	2019年1月1日	110	3002	3613	5	4	20
	N2000004	2019年1月1日	110	1001	5860	8	23	184

图 1-1-22 新建销售金额度量值

步骤3：在右侧字段栏下方可查看到新增加的"销售金额"度量值。具体操作如图1-1-23 所示。

图 1-1-23 查看新增加的"销售金额"度量值

步骤4：同理，可设置"销售数量""单店平均销售额""营业店铺数量"三个度量值的公式。

四、数据可视化

（一）插入图片、文本框、形状

步骤1：单击窗口左侧的报表 📊 图标，执行"插入→图像"命令，插入"烘焙工坊Logo"，如图 1-1-24 所示；

执行"插入→文本框"命令，插入文本框后，在文本框中输入"烘焙工坊"四个字；

执行"插入→形状"命令，插入"直线"。

图 1-1-24　设置图片

步骤 2：如果插入的线条默认是竖线，选中线条，在右侧格式设置栏中，设置旋转 90 度。同时，设置线条颜色。具体操作如图 1-1-25 所示。

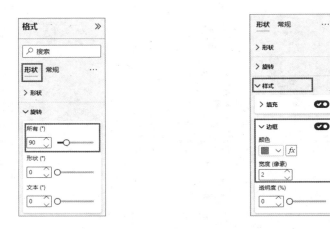

图 1-1-25　设置线条格式颜色

步骤 3：将添加的元素调整到合适位置、合适大小。具体操作如图 1-1-26 所示。

图 1-1-26　调整布局结构

（二）插入并设置卡片图

步骤 1：双击窗口右侧可视化栏中的卡片图 123 图标，将窗口右侧"字段"栏下"销售表"中的"销售金额"度量值拖放到卡片图中。再单击 按钮，在"数据"标签下，设置文本大小为 25 磅。具体操作如图 1-1-27 所示。

图 1-1-27　设置卡片图

步骤 2：同理，设置其他三个度量值的卡片图，调整其大小及合适位置。操作结果如图 1-1-28 所示。

图 1-1-28　设置其他卡片图操作结果

（三）插入并设置环形图

步骤 1：单击窗口右侧可视化栏中的◎图标，将窗口右侧"字段"栏中的"产品名称"和"销售金额"字段拖放到可视化栏的相应参数中，设置图例标题靠上左对齐。具体操作如图 1-1-29 所示。

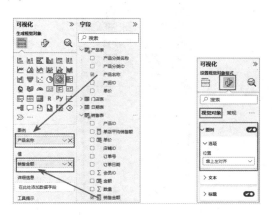

图 1-1-29　插入并设置环形图

步骤 2：设置环形图可视化后，将其调整到合适位置并设置数据显示格式。操作结果如图 1-1-30 所示。

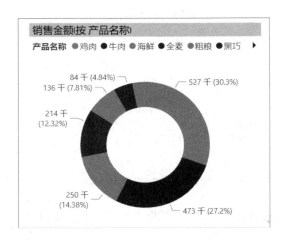

图 1-1-30　调整位置，设置数据显示格式

（四）插入条形图

步骤 1：单击窗口右侧可视化栏中的堆积条形图  图标，将窗口右侧"字段"栏中的"产品分类名称"和"销售金额"字段拖放到可视化栏的相应参数中。具体操作如图 1-1-31 所示。

图 1-1-31　创建可视化对象

步骤2：设置条形图可视化后，单击对象右上角的 $\boxed{\cdots}$ 图标，将销售金额按升序或降序排序，将图形调整到合适位置。操作结果如图1-1-32所示。

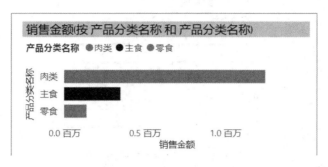

图1-1-32 数据降序排列

（五）插入折线和簇状柱形图

步骤1：单击窗口右侧可视化栏中的折线和簇状柱形图 图标，将窗口右侧"字段"栏中的"月""销售金额"和"销售数量"字段拖放到可视化栏的相应参数中。具体操作如图1-1-33所示。

图1-1-33 插入折线簇状柱形图

步骤2：可视化设置后，单击对象右上角的 $\boxed{\cdots}$ 图标，选择以升序排序，排序方式按月。具体操作如图1-1-34所示。

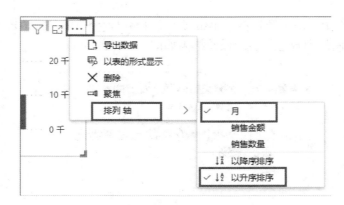

图 1-1-34　数据排序操作步骤

步骤 3：选中日期表中的"月"字段，再执行"列工具→按序排列"命令，选择"月排序依据"。具体操作如图 1-1-35 所示。

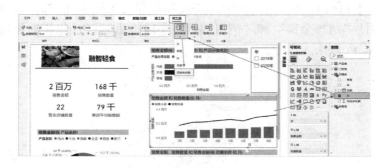

图 1-1-35　按月排序

步骤 4：折线和簇状柱形图设置完成后，将图形调整到合适位置。操作结果如图 1-1-36 所示。

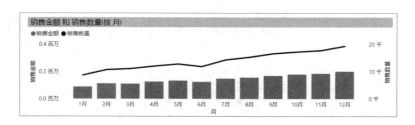

图 1-1-36　调整位置

（六）插入散点图

步骤 1：单击窗口右侧可视化栏中的散点图 图标，将窗口右侧"字段"栏中的"店铺名称""销售金额""销售数量"和"月"字段拖放到可视化栏的相应参数中。具体操作如图 1-1-37 所示。

图 1-1-37　插入并设置散点图

步骤 2：可视化设置后，将图形调整到合适位置。操作结果如图 1-1-38 所示。

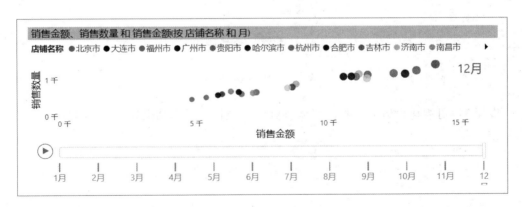

图 1-1-38　调整位置

（七）插入切片器

步骤 1：单击窗口右侧可视化栏中的切片器 图标，将日期表中的"年"字段拖放到字段参数中。具体操作如图 1-1-39 所示。

图 1-1-39　插入切片器

步骤 2：选中切片器，单击可视化栏中的 图标，将切片器边框打开。具体操作如图 1-1-40 所示。

图 1-1-40　设置边框

步骤 3：可视化设置后，将图形调整到合适位置。操作结果如图 1-1-41 所示。

图 1-1-41　调整位置

步骤 4：同理，设置店铺名称切片器，设置完成后将图形调整到合适位置。如

图 1-1-42 所示。

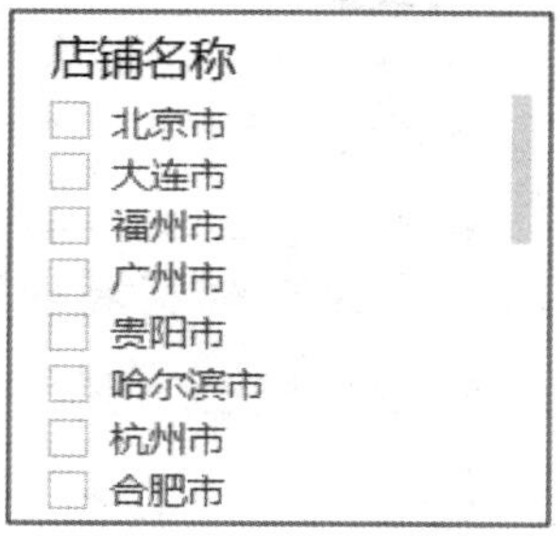

图 1-1-42　插入切片器

（八）报表美化

步骤 1：分别选中环形图、堆积条形图、折线和簇状柱形图、散点图，单击可视化栏中的格式图标，将标题背景色设置为"白色，20% 较深"，文本大小"12 磅"。具体操作如图 1-1-43 所示。

图 1-1-43　统一标题背景

步骤 2：美化后的报表（整体）如图 1-1-44 所示。

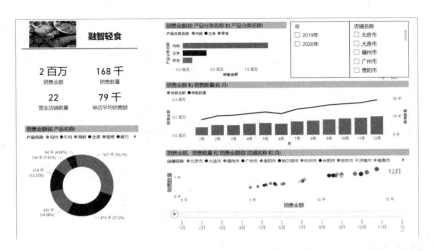

图 1-1-44 美化后的报表（整体）

📖 知识拓展

拓展一

大数据指的是所涉及的资料量规模巨大，以至于无法通过主流软件工具在合理时间内进行选取、管理、处理并整理成能帮助企业进行更好的经营决策的资讯。

大数据的 5V 特点：volume（大量）、velocity（高速）、variety（多样）、value（低价值密度）、veracity（真实性）。

大数据可以包括结构化数据、半结构化数据和非结构化数据，这些数据来自多个不同的数据源，包括社交媒体、传感器、日志文件、交易记录等。大数据的价值在于能够从中提取出有用的信息和知识，支持企业决策、创新和发展。

拓展二

"大数据财务分析"作为一个组合词，顾名思义，是指利用大数据技术和方法进行财务分析的过程。它结合了大数据的特性和财务分析的需求，通过收集、整理、存储和分析大量的财务数据和非财务数据，为企业提供全面、准确、及时的财务信息和洞察。

收集、整理和分析大量的财务数据有助于深度探讨数据当中的深层联系。对企业数据进行纵向对比和横向对比，能够更好地分析企业经营现状，发现经营中存在的问题和不足；能够帮助企业更全面地了解自身的财务状况和经营情况，发现潜在的风险和机会，为企业的战略规划和风险管理提供有力的依据。

拓展三

Power BI 是微软官方推出的一款自助式可视化数据探索和交互式报告工具。其有以下特点。

➤易用性：Power BI 的用户界面设计简洁，易于学习和使用，不要求编程和统计学知识背景。

➢数据可视化：提供了丰富的数据可视化工具和模板，用户通过简单的操作即可创建出各种图表、图形和仪表板。

➢适配度高：作为同公司产品，Power BI 与 Office 系列产品（如 Excel）的适配度较高，用户可以轻松地将 Power BI 与 Excel 等工具结合使用。

➢灵活性：Power BI 可以轻松地与各种数据源集成，包括 Excel、SQL Server、Azure 和其他在线服务。

拓展四

常见的财务数据分析方法有以下几种。

➢比较分析法：通过对比不同时期、不同项目或不同企业的财务数据，揭示其差异和变化。

➢比率分析法：通过计算财务比率来评估企业财务状况。

➢趋势分析法：通过分析连续多期的财务数据观察其变化趋势，以预测未来的发展趋势。

➢因素分析法：通过分析影响财务指标的因素以及各因素对指标的影响程度，深入了解企业的财务状况和经营成果。

➢垂直分析法：将当期的有关会计资料和上述水平分析中所得的数据与本企业过去的同类数据资料进行对比，以分析企业各项业务、绩效的成长及发展趋势。

➢单一分析法：根据报告期的数值来判断企业经营及财务状况的好坏。

➢框图分析法：将企业的实际完成情况和历史水平、计划数等用框图形式直观地反映出来，以此说明变化情况。

➢杜邦分析法：通过分解企业的净资产收益率来评估企业财务状况。

项目二　大数据采集、建模与可视化基础

📖 项目目标

◆ 知识目标 ◆

1. 掌握在 Power BI 中获取、整理数据的常用方法；
2. 掌握在 Power BI 中创建关系模型的方法；
3. 掌握在 Power BI 中新建列及度量值的途径；
4. 掌握 DAX 公式的语法及常见函数；
5. 熟悉 Power BI 中常见的可视化对象。

◆ 技能目标 ◆

1. 能够理解一维表和二维表的区别，掌握将二维表转换为一维表的操作；
2. 能够熟练完成 Power BI 中获取数据的应用操作，并进行各种数据整理操作（数据拆分、数据提取、数据合并、数据透视、数据逆透视、追加查询与合并查询）；
3. 能够完成 Power BI 中两种关系模型的创建操作；
4. 能够掌握新建列和新建度量值的操作；
5. 能够使用 CALCULATE、DIVIDE、FILLTER、时间智能等函数；
6. 能够完成可视化元素的设置操作；
7. 能够完成图表常见的美化操作；
8. 能够完成图表的筛选、钻取和编辑交互。

◆ 素质目标 ◆

1. 培养学生耐心细致的工作作风和严肃认真的科学精神，保证数据的科学性；
2. 培养学生公开公平客观的工作态度，确保数字技术应用及数据的可信赖性；
3. 培养学生基本的数据素养，为企业数字化运营提供数据阅读、操作、分析和讨论的基本素质支撑。

📖 思维导图

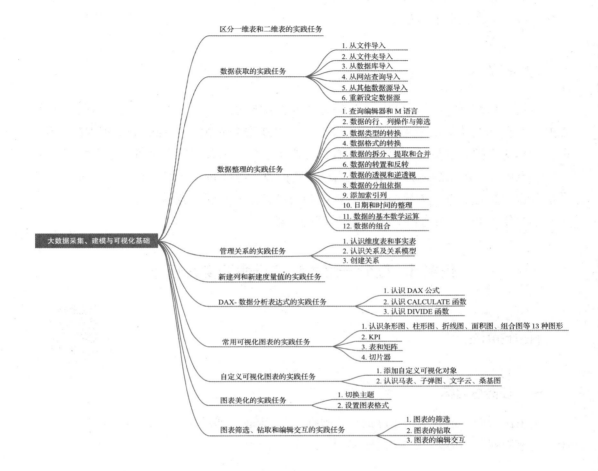

📖 思政专栏

2024 年 4 月 1 日，全国数据工作会议在北京召开。会议指出，2024 年数据工作要坚持以习近平新时代中国特色社会主义思想为指导，全面贯彻落实党的二十大和二十届二中全会精神，按照中央经济工作会议部署，大力发展新质生产力，坚持稳中求进工作总基调，坚持"一条主线"，统筹"三个建设"，着力健全基础制度、释放要素潜能、加快转型赋能、促进科技创新、完善基础设施、强化安全保障、推进国际合作、抓好试点试验，更好发挥数字化在中国式现代化中的驱动引领作用，奋力开创国家数据工作新局面。有着"数字经济时代石油"之称的数据如今已成为继土地、劳动力、资本、技术后的第五大生产要素。

2024 年 1 月 1 日起，财政部制定印发的《企业数据资源相关会计处理暂行规定》正式施行，以数据资产计入财务报表为起点，数据价值将通过数据创新应用、数据流通交易等方式，有效助力企业可持续发展。深入推动业财融合和会计职能拓展，加快推进会计工作数字化转型应用实践，同时从财务、业务、技术三个维度培养人才，助推企业数字化转型，助力数字中国建设。

📖 情境导入

"融智轻食"的大数据分析中心在企业的经营中发挥了重要的数据支撑作用，大大提升了企业运营决策的效率。为进一步发挥大数据分析在财务管理中的决策保障作用，财务经理决定把新进员工小赵调往大数据分析中心，并请公司数据分析能手李主管作为其指导老师。小赵跟随老师利用企业内外部数据源，通过 Power BI 分析工具系统学习了获取数据、整理数据、创建模型分析数据和通过常用图表展现数据的方式方法，以下是小赵学习使用 Power BI 技术工具处理数据的过程。

任务 1　区分一维表和二维表的实践任务

📖 任务描述

视频资源

一、任务总目标

本案例为四个地区四个季度的销售数据，"二维表"展示的是二维数据。利用 Power BI "逆透视列"功能，将二维表转换为一维表。

二、任务要求

结合具体案例，利用 Power BI "逆透视列"或 Excel "数据透视"功能，将二维表转换为一维表。为方便教学，本项目提供 2 个附件，其中表格数据包括 .xlsx 和 .xls 两种格式，请优先选择"区分一维表和二维表的案例数据 .xlsx"，如果导入 Power BI Desktop 时无法连接，可更换为"区分一维表和二维表的案例数据 .xls"。

　　附件：区分一维表和二维表的案例数据 .xls

　　　　　区分一维表和二维表的案例数据 .xlsx

　　　　　网址：fbda.chinaive.com

📖 任务实施

利用 Power BI "逆透视列"功能，将二维表转换为一维表。

注意：一维表就是简单的字段、记录的罗列；二维表则从两个维度来描述记录属性，并且两个字段属性存在一定关系。

步骤 1：打开 Power BI Desktop，依次点击"主页""获取数据""Excel 工作簿"，导入"区分一维表和二维表的案例数据 .xlsx"。具体操作如图 2-1-1 所示。

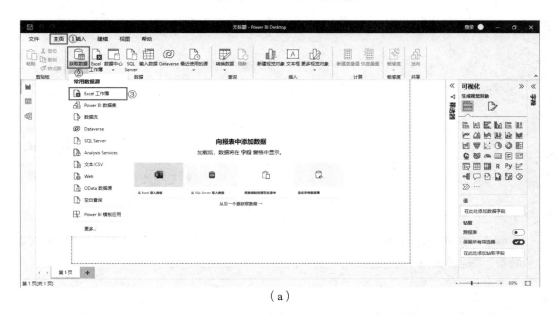

（a）

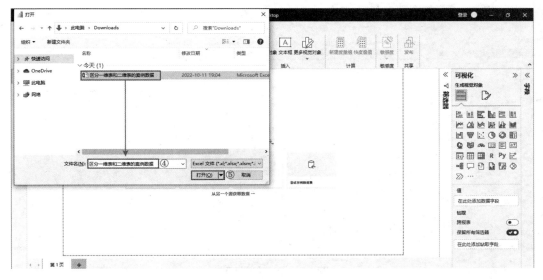

（b）

图 2-1-1　导入数据源

步骤 2：勾选"二维表"，点击"转换数据"。具体操作如图 2-1-2 所示。

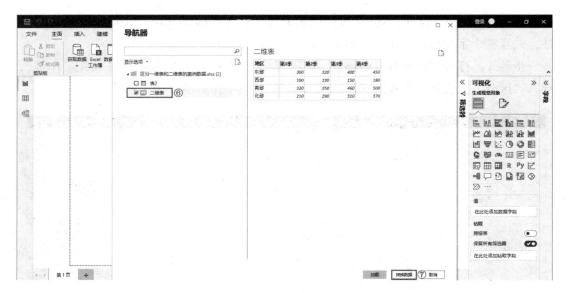

图 2-1-2　转换数据

步骤 3：在 Power Query 编辑器中，连续选中"第 1 季"至"第 4 季"，然后依次点击"转换""逆透视列""逆透视列"。具体操作如图 2-1-3 所示。

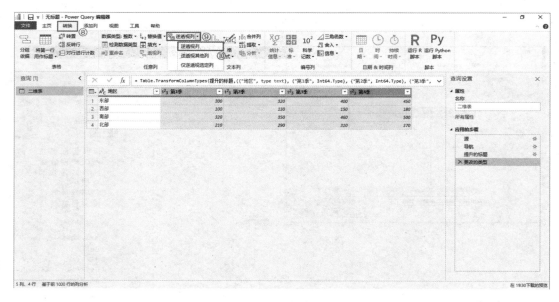

图 2-1-3　逆透视列

步骤 4：将"季度"和"金额"的列标题分别修改为"季度"和"销售额"。具体操作如图 2-1-4 所示。

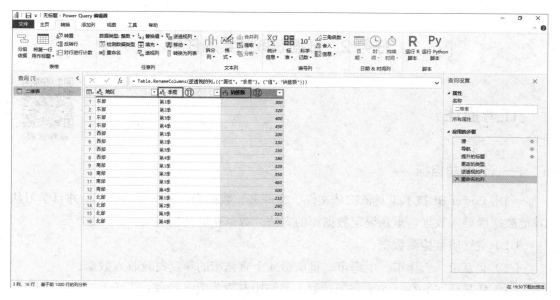

图 2-1-4　修改列标题

步骤 5： 依次点击"主页""关闭并应用"。具体操作如图 2-1-5 所示。

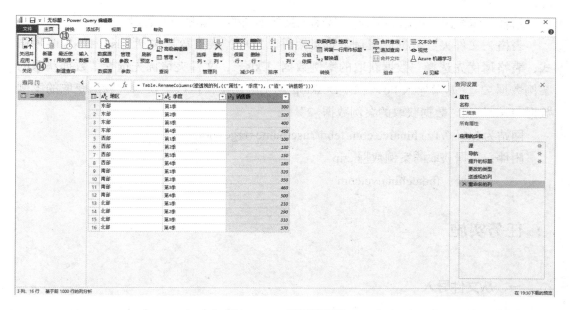

图 2-1-5　关闭并应用

任务 2　数据获取的实践任务

视频资源

📖 任务描述

一、任务总目标

利用 Power BI 技术工具依次从文件、文件夹、数据库和网站导入数据，并且学习从其他数据源导入数据、重新设定数据源的方法。数据获取案例包括：

（1）空气质量检测数据；

（2）北京市、天津市、上海市、重庆市 4 个直辖市的年度财政收入数据；

（3）从某公司 ERP（企业资源计划）系统中获取的财务数据；

（4）沪深 A 股首页上市公司信息看板数据。

二、任务要求

结合具体案例，利用 Power BI 技术工具从不同的数据源导入数据。

表格、文件夹、数据库案例数据见附件。其中，表格数据包括 .xlsx 和 .xls 两种格式，表格请优先选择"数据获取的案例数据 -1.xlsx"，文件夹请优先选择"数据获取的案例数据 -2"，如果导入 Power BI Desktop 时无法连接，依次更换为"数据获取的案例数据 -1.xls"和"数据获取的案例数据 -2"。

网站为 http://fz.chinaive.com/febd/?username=rzgc–pbi。

附件：数据获取的案例数据 .zip

　　　　网址：fbda.chinaive.com

📖 任务实施

一、从文件导入

本案例数据源为"数据获取的案例数据 -1.xlsx"，内容为空气质量检测数据。

步骤 1：在 Power BI 中，执行"开始→获取数据→ Excel 工作簿"命令。具体操作如图 2-2-1 所示。

图 2-2-1 获取文件数据路径

步骤 2：选择下载的"数据获取的案例数据 -1.xls"或"数据获取的案例数据 -1.xlsx"（请根据 Excel 版本选择相应格式的数据源），单击"打开"按钮。具体操作如图 2-2-2 所示。

图 2-2-2 打开数据源

步骤 3：单击选中"数据获取"，表数据如图 2-2-3 所示。

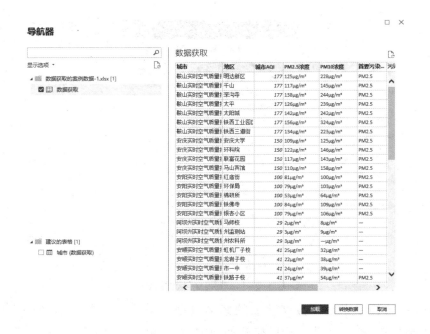

图 2-2-3　获取数据

步骤 4-1：若单击选中"转换数据"按钮，则进入查询编辑器界面，如图 2-2-4 所示。可在查询编辑器（Power Query 编辑器）界面对数据进行处理，使数据规范化。再单击"关闭并应用"按钮，可将数据加载到 Power BI Desktop 中。

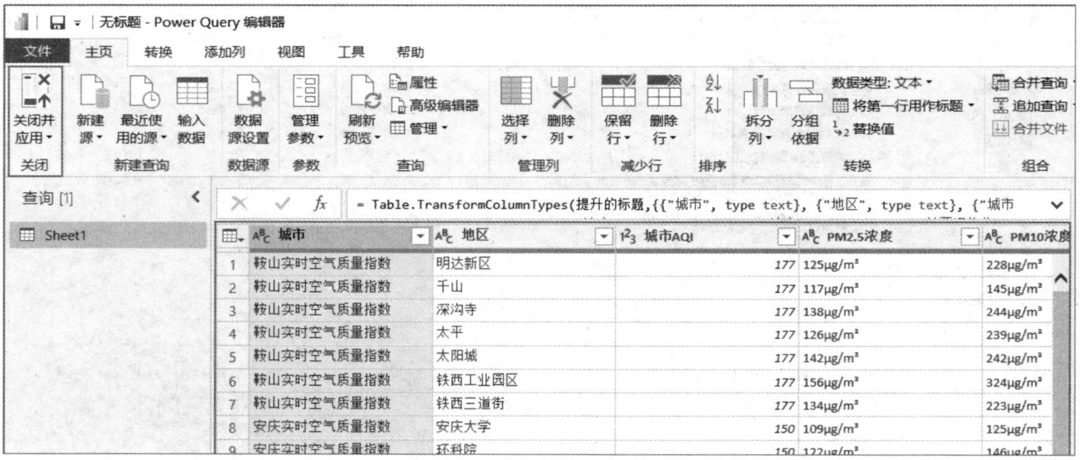

图 2-2-4　直接进入查询编辑器界面

步骤 4-2：若单击选中"加载"按钮，则将数据直接加载到 Power BI Desktop 中，如图 2-2-5 所示。如需对数据进行处理，可以执行"主页→转换数据→转换数据"命令，进入查询编辑器（Power Query 编辑器）界面。

图 2-2-5 间接进入查询编辑器界面

二、从文件夹导入

本案例数据源为"数据获取的案例数据 -2"文件夹，文件夹下共有北京、天津、上海、重庆 4 个直辖市的年度财政收入数据，分别存放在 4 个 Excel 工作簿中。

步骤 1：在 Power BI 中，执行"主页→获取数据"命令，单击"更多…"菜单，选择"文件夹"。具体操作如图 2-2-6 所示。

图 2-2-6 获取文件数据路径

步骤 2：单击"连接"按钮，再单击"浏览"按钮，设置需要连接的文件夹。具体操作如图 2-2-7 所示。

图 2-2-7　连接文件夹

步骤 3：单击"确定"按钮，显示 4 个被连接的 Excel 文件。具体操作如图 2-2-8 所示。

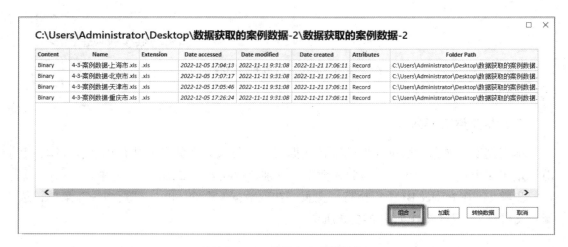

图 2-2-8　获取多个表格数据

步骤 4：单击"组合"下的"合并和转换数据"，则将 4 个文件合并，进入查询编辑器窗口，对数据进行整理，具体操作如图 2-2-9 所示。

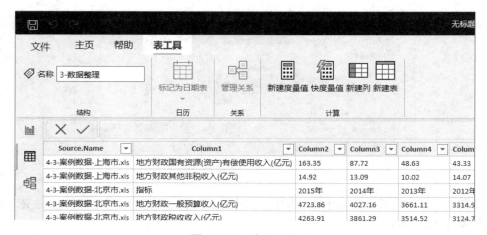

图 2-2-9　合并文件

三、从数据库导入

本案例数据源为 Access 数据库文件，是从某公司 ERP 系统中获取的财务数据"数据获取的案例数据 -3.mdb"。

步骤 1：在 Power BI 中，执行"主页→获取数据"命令，单击"更多…"菜单，选择"Access 数据库"。具体操作如图 2-2-10 所示。

图 2-2-10 获取数据库文件

步骤 2：单击"连接"按钮，选择"数据获取的案例数据 -3.mdb"。具体操作如图 2-2-11 所示。

图 2-2-11 打开目标文件

步骤 3：单击"打开"按钮后，选择 4 张表，单击"加载"按钮。具体操作如图 2-2-12 所示。

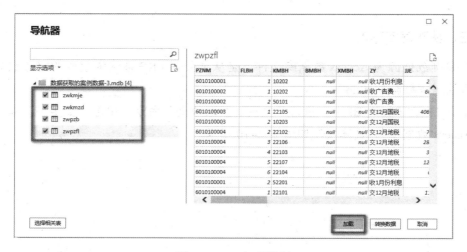

图 2-2-12　加载数据

若要导入 SQL Server 数据库，需在"主页"功能区选项中单击"获取数据"下拉按钮，选择"SQL Server"，然后输入 SQL Server 服务器地址和数据库名称，数据连接模式可以选择导入模式或者 Direct Query（直接查询）模式。具体操作如图 2-2-13 所示。

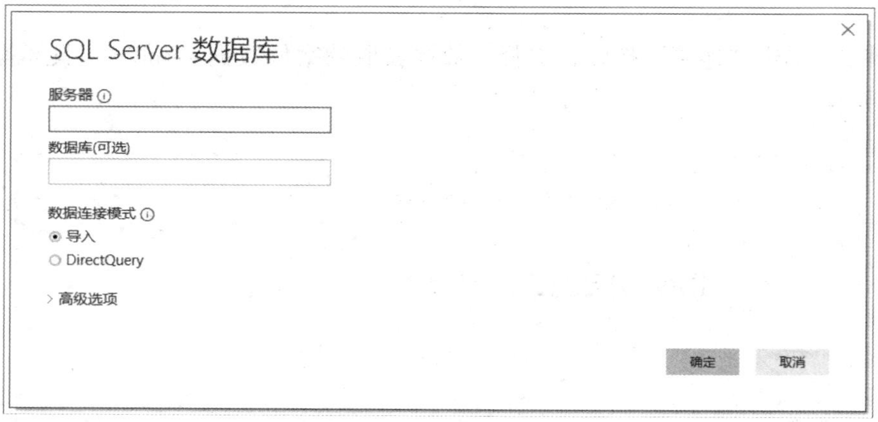

图 2-2-13　导入 SQL Server 数据库

四、从网站查询导入

本案例数据源为 http://fz.chinaive.com/febd/?username=rzgc-pbi，此网页为融智财经大数据平台的沪深 A 股上市公司信息首页看板，如图 2-2-14 所示。

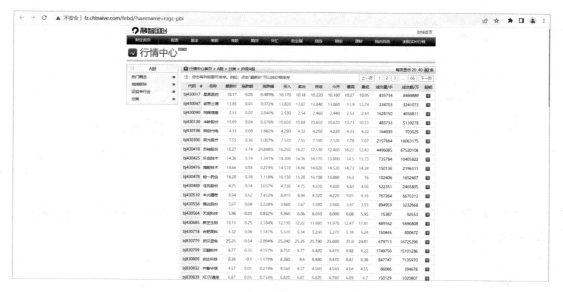

图 2-2-14　融智财经大数据平台

步骤 1：在 Power BI 中，执行"主页→获取数据→Web"命令，具体操作如图 2-2-15 所示。

图 2-2-15　获取数据

步骤 2：在 URL 中输入地址 http：//fz.chinaive.com/febd/？username=rzgc-pbi。具体操作如图 2-2-16 所示。

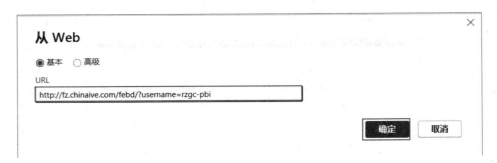

图 2-2-16　输入网址

步骤 3：单击"确定"按钮后，选择"表 1"，然后单击"加载"按钮。具体操作如图 2-2-17 所示。

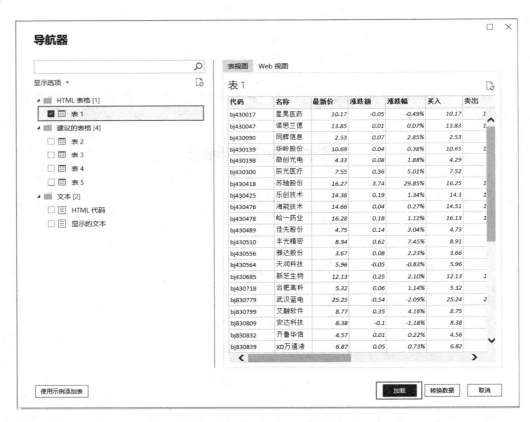

图 2-2-17　加载"表 1"

五、从其他数据源导入

Power BI 还可以从 Spark、Hadoop 文件（HDFS）、R 脚本、Python 脚本等更多数据源获取数据。具体操作如图 2-2-18 所示。

图 2-2-18 其他数据源

六、重新设定数据源

执行"主页→转换数据→数据源设置"命令，单击"更改源…"按钮，可根据实际情况更改数据源。具体操作如图 2-2-19 所示。

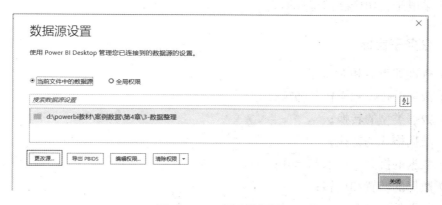

图 2-2-19 更改数据源

任务 3　数据整理的实践任务

视频资源

📖 任务描述

一、任务总目标

通过 Power BI 进行各种数据整理操作，使数据符合可视化要求，熟悉 Power BI 数据整理的常用方法，完成数据拆分、提取和合并等常用操作，熟练进行数据透视、数据逆透视、追加查询与合并查询等操作。数据整理案例包括：

（1）2006—2015 年国家财政收入年度数据；

（2）2017 年 1 月的日期表数据；

（3）某健身会所会员信息；

（4）某公司各月的销售数据；

（5）某公司 4 种产品各月的销售数据；

（6）某公司的产品销售数据；

（7）常用维度表、日期表数据；

（8）某公司产品定价数据；

（9）某电子公司产品销售数据。

二、任务子目标

（1）查询编辑器和 M 语言；

（2）数据的行、列操作和筛选；

（3）数据类型的转换；

（4）数据格式的转换；

（5）数据的拆分、提取和合并；

（6）数据的转置和反转；

（7）数据的透视和逆透视；

（8）数据的分组依据；

（9）添加索引列；

（10）日期和时间的整理；

（11）数据的基本数学运算；

（12）数据的组合。

三、任务要求

结合具体案例，利用 Power BI 整理不同案例的数据，其中表格数据包括 .xlsx 和 .xls 两种格式，请优先选择"数据整理的案例数据 .xlsx"，如果导入 Power BI Desktop 时无法连接，更换为"数据整理的案例数据 .xls"。

　　附件： 数据整理的案例数据 .xlsx
　　　　　数据整理的案例数据 .xls
　　　　　网址：fbda.chinaive.com

📖 任务实施

一、子任务 1：查询编辑器和 M 语言

加载案例数据

在 Power BI Desktop 中导入"数据整理的案例数据 .xlsx"，导入时全选 22 张 Sheet 表，然后点击"加载"，如图 2-3-1 所示。

步骤 1：查询编辑器（Power Query 编辑器），Power BI Desktop 已经导入数据表后，执行"主页→转换数据→转换数据"命令，可打开查询编辑器，如图 2-3-2 所示。

步骤 2：M 语言，在查询编辑器（Power Query 编辑器）界面，执行"主页→高级编辑器"命令，可查看自动生成的 M 语言代码，如图 2-3-3 所示。

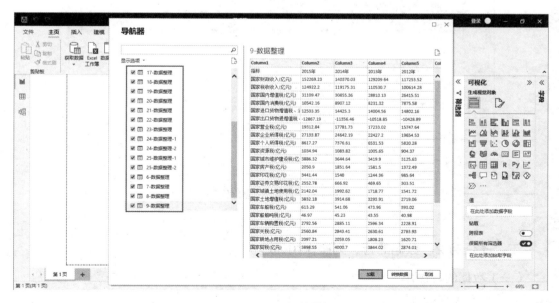

图 2-3-1　加载数据

图 2-3-2　查询编辑器

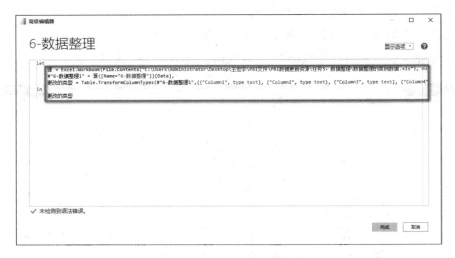

图 2-3-3　查看 M 语言代码

二、子任务 2：数据的行、列操作和筛选

（一）数据的行操作

1. 首行升为列标题

将首行升为列标题，删除表中不需要的行，并将删除行后的表格首行提升为列标

题。案例数据原型为2006—2015年国家财政收入年度数据"6-数据整理"Sheet表。

步骤1：在查询编辑器中，执行"主页→删除行→删除最前面几行"命令。具体操作如图2-3-4所示。

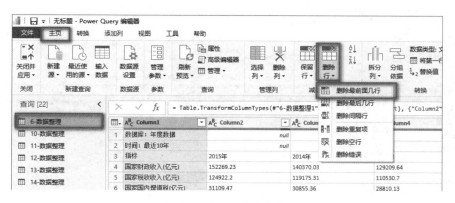

图2-3-4 删除行命令

步骤2：输入要删除的行数2，单击"确定"按钮。具体操作如图2-3-5所示。

图2-3-5 删除前2行

步骤3：同理，删除最后2行。

步骤4：执行"转换→将第一行用作标题"命令。具体操作如图2-3-6所示。

图2-3-6 将第一行用作标题

步骤 5：将首行提升为列标题，操作结果如图 2-3-7 所示。

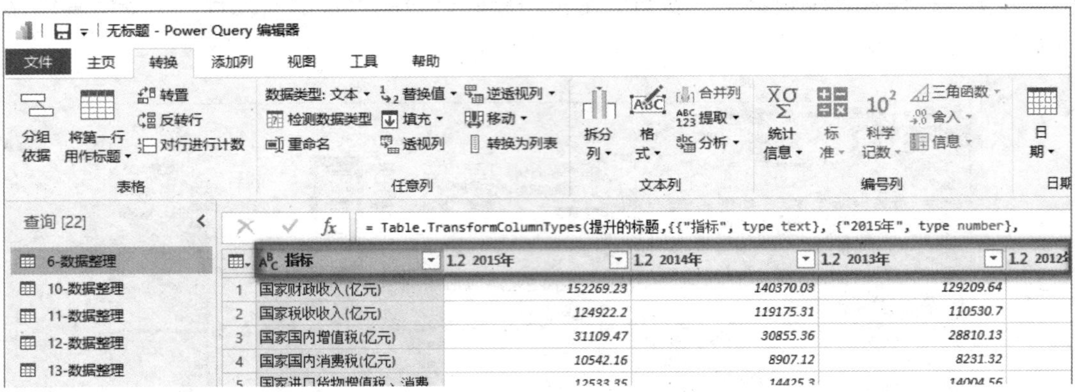

图 2-3-7　结果展示

2. 删除错误行

案例数据原型为淘宝某店铺的日访问量和日销售数据“7- 数据整理”Sheet 表。

步骤 1：在查询编辑器中，单击日期字段前的 ABC 123，将数据类型改为“整数”，则表中出现两行 Error 行。具体操作如图 2-3-8 所示。

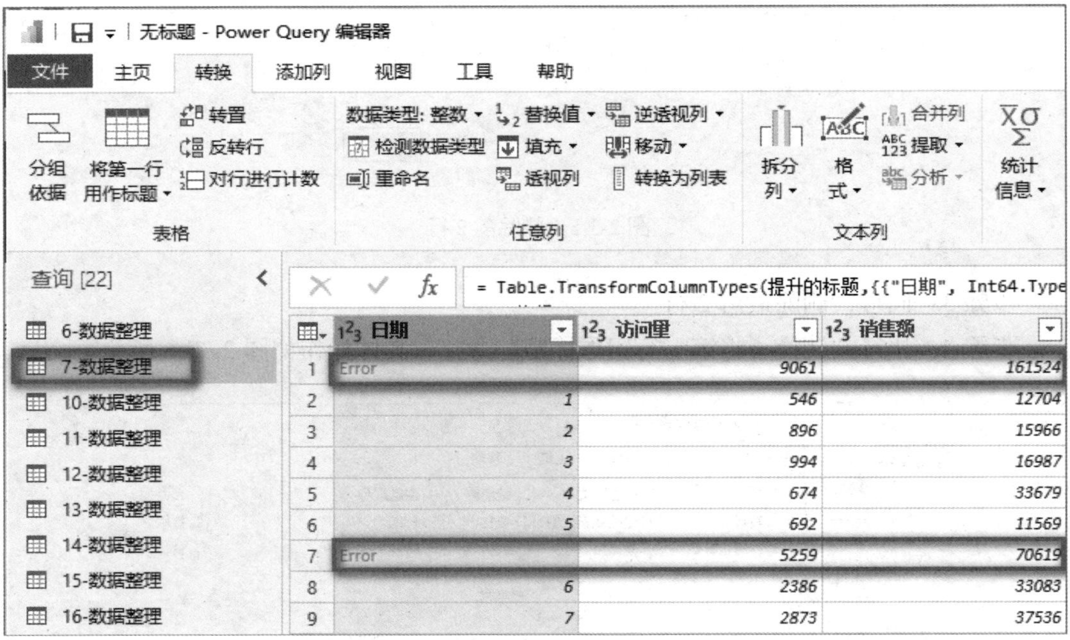

图 2-3-8　错误行

步骤 2：执行“主页→删除行→删除错误”命令，操作结果如图 2-3-9 所示。

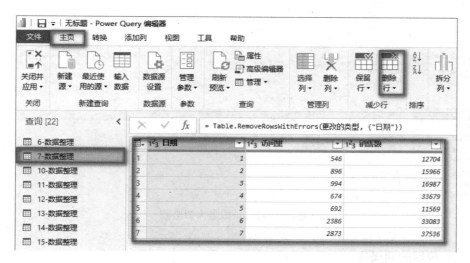

图 2-3-9　结果展示

3. 删除重复项

案例数据原型为某连锁店的销售数据"8- 数据整理"Sheet 表，需要将客户的最大订单销售额保留在查询表中。

步骤 1：在查询编辑器中，将日期列的数据类型修改为"日期"或"文本"；将原有的更改的类型删掉，单击"客户名称""金额"字段后的 ▼，将"客户名称"字段升序排序 [Power BI 中的汉字排序遵循 ASCII（美国信息交换标准代码）国际标准，并非首字母拼音序号或笔画数]，将"金额"字段降序排序，再将"客户名称"改为文本类型，将"金额"改为小数类型，操作结果如图 2-3-10 所示。

图 2-3-10　字段排序并更改类型

步骤 2：执行"转换→检测数据类型"命令，选中"客户名称"列，再执行"主页→删除行→删除重复项"命令，即可得到每个客户的最大销售额数据。具体操作如图 2-3-11 所示。

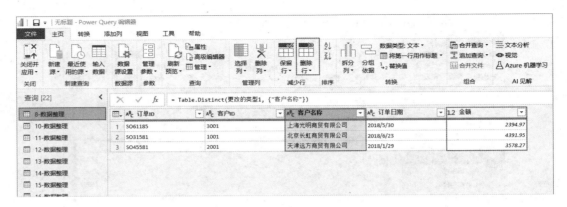

图 2-3-11　获取最大销售额

（二）数据的列操作

1. 删除表中 2006—2010 年度数据

案例数据原型为 2006—2015 年国家财政收入年度数据 "9- 数据整理" Sheet 表。

步骤 1：在查询编辑器中，将首行升为标题，按住 Ctrl 键，单击列标题，选中 2006—2010 年度列，执行 "主页→删除列→删除列" 命令。具体操作如图 2-3-12 所示。

步骤 2：删除列后，只保留 2011—2015 年度数据。若选择 "删除其他列" 命令，则删除 2011—2015 年度数据，保留 2006—2010 年度数据。

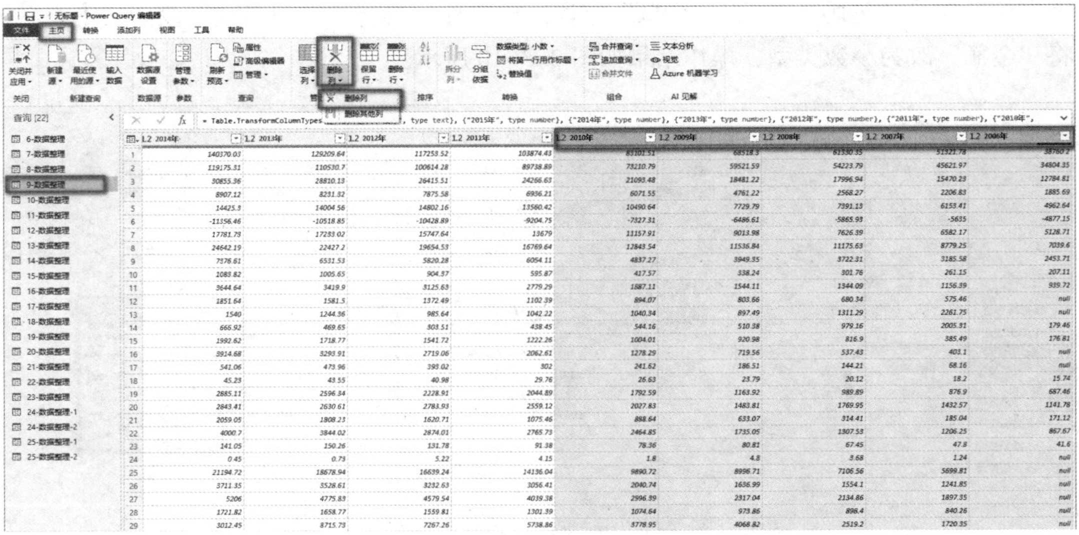

图 2-3-12　删除列命令

2. 数据的筛选操作

案例数据原型为 2006—2015 年国家财政收入年度数据 "10- 数据整理" Sheet 表。

步骤 1：在查询编辑器中，单击第一个字段右侧的 ▾ ，显示空值行排在最后，单击不选择最后四个空值行。具体操作如图 2-3-13 所示。

图 2-3-13　排除空值

步骤 2：单击"确定"按钮即可删除表中不需要的最前 2 行和最后 2 行。

三、子任务 3：数据类型的转换

将"年""月"字段数据恢复成源表中的文本型数据。案例数据原型为 2017 年 1 月的日期表数据"11- 数据整理"Sheet 表。

步骤 1：在查询编辑器中，日期表如图 2-3-14 所示。

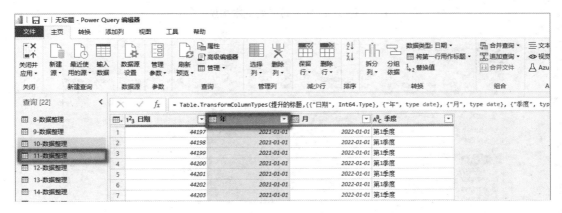

图 2-3-14　打开查询编辑器

步骤2：单击"年"字段前的 ▦ 图标，选择"文本"。具体操作如图 2-3-15 所示。

图 2-3-15 转换字段类型

步骤3：单击"替换当前转换"按钮，将"年"字段数据由日期型转变为文本型。操作结果如图 2-3-16 所示。

步骤4：同理，将"月"字段由日期型转换为文本型，操作结果如图 2-3-17 所示。

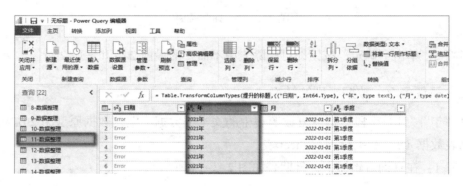

图 2-3-16 转换为文本类型

图 2-3-17 "月"字段由日期型转换为文本型

四、子任务 4：数据格式的转换

删除表中不正确的格式，案例数据原型为某健身会所会员信息"12-数据整理"Sheet 表，表中以黄色标出的为不正确的格式：

（1）中文名字前后有空格；

（2）中文名字中有多行回车符；

（3）英文姓氏都为大写；

（4）"出生年份"字段中存在多余的"年"字。

步骤 1：在查询编辑器中，先执行"转换→将第一行用作标题"命令，将首行内容作为标题。具体操作如图 2-3-18 所示。

步骤 2：选中"姓名"列，分别执行"转换→格式→修整"和"转换→格式→清除"命令。具体操作如图 2-3-19 所示。

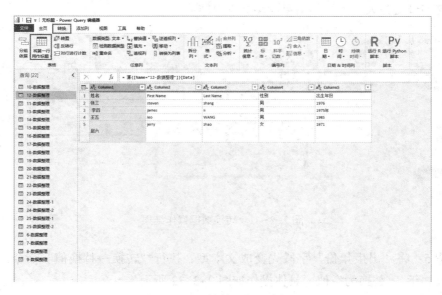

图 2-3-18　将第一行用作标题

图 2-3-19　清除格式

步骤3：清除中文名字中的前后空格及回车符，结果如图2-3-20所示。

图2-3-20　清除空格及回车符

步骤4：选中"First Name"和"Last Name"两列，执行"转换→格式→小写"命令，将英文名字先转换成小写，再执行"转换→格式→每个词首字母大写"命令，将英文名字首字母变为大写，操作结果如图2-3-21所示。

图2-3-21　转换数据操作结果

步骤5：将"出生年份"字段先变成文本型，执行"转换→替换值"命令，输入要查找的值"年"，替换为空值，具体操作如图2-3-22所示。

图2-3-22　数据替换

步骤6：单击"确定"按钮，再将"出生年份"字段变为整数类型，操作结果如图

2-3-23 所示。

图 2-3-23　转换数据类型

五、子任务 5：数据的拆分、提取和合并

（一）数据的拆分

将表中的中文名字字段拆分成"姓"和"名"两个字段。案例数据原型为某健身会所的会员信息"13- 数据整理"Sheet 表。

步骤 1：在查询编辑器中选中"姓名"列，执行"添加列→重复列"命令，将"姓名"列复制一份。具体操作如图 2-3-24 所示。

图 2-3-24　添加列

步骤 2：选中"姓名 - 复制"列，执行"转换→拆分列→按字符数"命令，输入拆分字符数 1，选择拆分模式"一次，尽可能靠左"。具体操作如图 2-3-25 所示。

图 2-3-25　按字符数拆分列

步骤 3：将"姓名 - 复制"字段拆分成两列，修改拆分后的字段名为"姓"和"名"。具体操作如图 2-3-26 所示。

图 2-3-26　拆分"姓名"列

（二）数据的提取

从表中的身份证号码字段中提取出生年份信息。案例数据原型为某健身会所的会员信息"14- 数据整理"Sheet 表。

步骤 1：在查询编辑器中，选中"身份证号"列，将其数据类型转换为文本型。具体操作如图 2-3-27 所示。

图 2-3-27　转换数据类型

步骤 2：执行"添加列→提取→范围"命令，输入起始索引 6（起始索引为要提取的字符前面的字符数），字符数 4。具体操作如图 2-3-28 所示。

图 2-3-28 提取字符

步骤 3：将提取的年份字段名修改为"出生年份"，执行"转换→格式→添加后缀"命令，输入值"年"，单击"确定"按钮，操作结果如图 2-3-29 所示。

图 2-3-29 结果展示

（三）数据的合并

将表中的英文名字合并成一列，原列删除。案例数据原型为某健身会所的会员信息"15- 数据整理"Sheet 表。

步骤 1：在查询编辑器中，按住 Ctrl 键，选中"First Name"和"Last Name"两列，执行"转换→合并列"命令，选择分隔符为"空格"，输入新列名为"Name"。具体操作如图 2-3-30 所示。

（a）

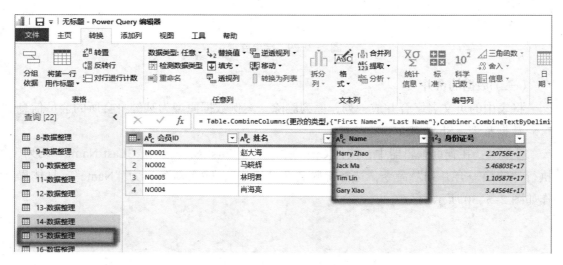

（b）

图 2-3-30 合并列

步骤 2：单击"确定"按钮，将英文名字合并，操作结果如图 2-3-31 所示。

图 2-3-31 合并完成

六、子任务 6：数据的转置和反转

（一）数据的转置

将表中的数据进行列互换。案例数据原型为某公司各月的销售数据"16-数据整理"Sheet 表。

步骤 1：在查询编辑器中，执行"转换→转置"命令，转换结果如图 2-3-32 所示。

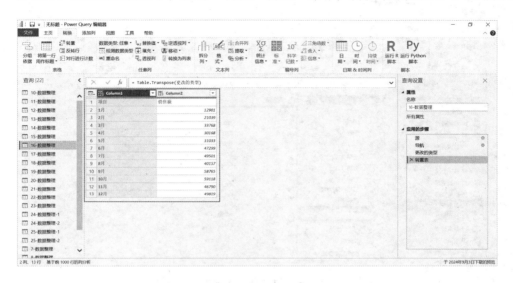

图 2-3-32　转置

步骤 2：执行"转换→将第一行用作标题"命令，将"项目"字段的数据类型改为文本型。具体操作操作如图 2-3-33 所示。

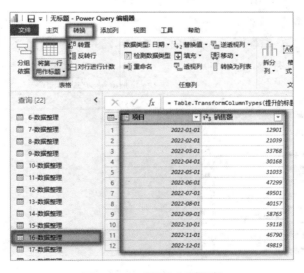

图 2-3-33　调整字段类型

（二）数据的反转

从数据表进行反转行操作。案例数据原型为某公司各月的销售数据"17-数据整理"Sheet 表。

步骤 1：在查询编辑器中，先将"项目"字段数据类型改为文本型。具体操作如图 2-3-34 所示。

图 2-3-34　调整字段类型

步骤 2：执行"转换→反转行"命令，反转结果如图 2-3-35 所示。

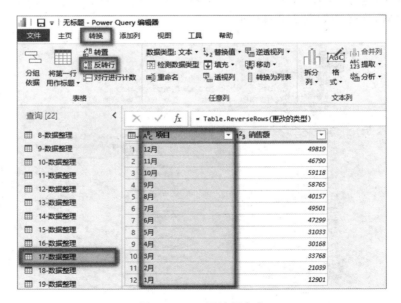

图 2-3-35　反转行命令

七、子任务 7：数据的透视和逆透视

（一）将一维表透视成二维表

将一维表透视成二维表。案例数据原型为某公司各月的销售数据"18-数据整理"Sheet 表。

步骤 1：在查询编辑器中，将"月份"字段更改为文本型。具体操作如图 2-3-36 所示。

图 2-3-36　更改字段类型

步骤 2：选中"月份"列，然后执行"转换→透视列"命令，值列选择"销售额"。具体操作如图 2-3-37 所示。

图 2-3-37　透视列

步骤3：单击"确定"按钮，将一维表数据透视成二维表数据，操作结果如图2-3-38所示。

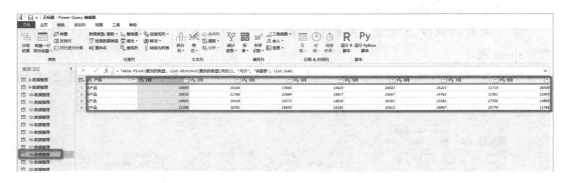

图2-3-38 二维表

（二）数据的逆透视

将二维表透视成一维表。案例数据原型为某公司四种产品各月的销售数据"19-数据整理"Sheet表。

步骤1：在查询编辑器中，执行"转换→将第一行用作标题"命令，将首行提升为标题。

步骤2-1：连续选中1—12月列，执行"转换→逆透视列"命令，将"属性"字段改为"月份"，"值"字段改为"销售额"，操作结果如图2-3-39所示。

步骤2-2：也可选中"产品"列，执行"转换→逆透视列→透视其他列"命令，将"属性"字段改为"月份"，"值"字段改为"销售额"，具体操作及结果如图2-3-40所示。

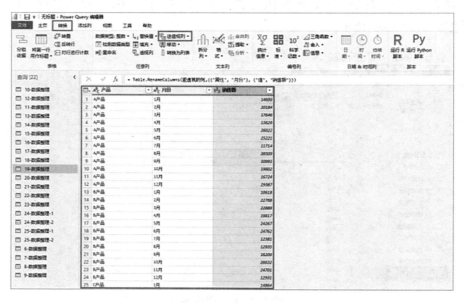

图2-3-39 逆透视列及调整字段类型

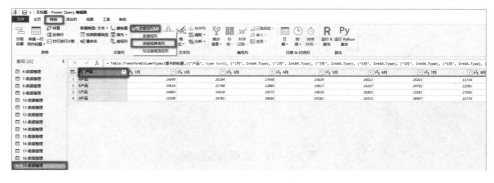

（a）

（b）

图 2-3-40　逆透视列及调整字段名称

八、子任务 8：数据的分组依据

按客户名称统计各客户的销售总额。案例数据原型为某公司的产品销售数据"20-数据整理"Sheet 表。

步骤 1：在查询编辑器中，执行"转换→分组依据"命令，选择分组依据"客户名称"、新列名"销售总额"、操作"求和"、柱"金额"。具体操作如图 2-3-41 所示。

图 2-3-41　选择分组依据

步骤 2：单击"确定"按钮，操作结果如图 2-3-42 所示。

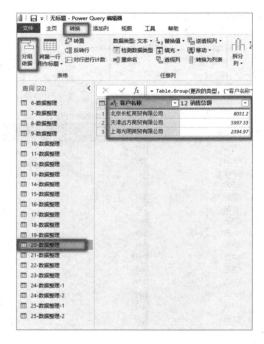

图 2-3-42　结果展示

九、子任务 9：添加索引列

对"月份"字段创建索引列，对"月份"字段排序时将索引序号作为排序依据。案例数据原型为常用维度表日期表数据"21- 数据整理"Sheet 表。

月份默认的排序依据为：10 月、11 月、12 月、1 月、2 月、3 月、4 月、5 月、6 月、7 月、8 月、9 月；通过设置索引列，可将其按正常顺序排序：1 月、2 月、3 月、4 月、5 月、6 月、7 月、8 月、9 月、10 月、11 月、12 月。

步骤 1：在查询编辑器中，将"月份"字段改为文本型，操作结果如图 2-3-43 所示。

图 2-3-43 更改月份字段类型

步骤 2：执行"添加列→索引列→从 1"命令，将索引字段名改为"月排序依据"，操作结果如图 2-3-44 所示。在 Power BI 数据分析中，当需要对月份排序时，选择排序依据为"月排序依据"，即可按正常月份顺序显示数据。

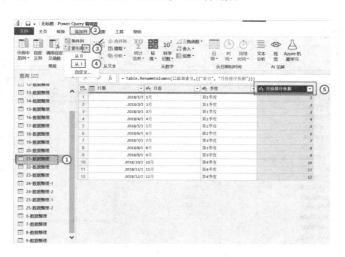

图 2-3-44 按"月排序依据"排序

十、子任务 10：日期和时间的整理

提取"日期"字段中的年、月、季度和星期几信息，并添加到新建列中。打开"22-数据整理"Sheet 表，此案例数据原型为某日期表数据，根据日期表中的日期构建年、月、日、星期几等字段列。

步骤 1：在查询编辑器中，选中"日期"列，执行"添加列→日期→年→年"命令，得到年份数据，如图 2-3-45 所示。

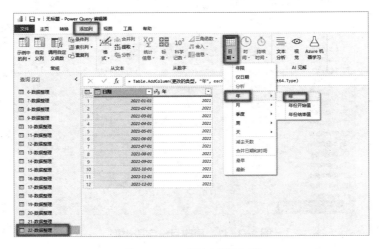

图 2-3-45 添加"年"列

步骤 2：选中"日期"列，执行"添加列→日期→月份→月份"命令，得到月份数据，如图 2-3-46 所示。

图 2-3-46 添加"月份"列

步骤 3：选中"日期"列，执行"添加列→日期→季度→一年的某一季度"命令，得到季度数据，如图 2-3-47 所示。

图 2-3-47 添加"季度"列

步骤 4：选中"日期"列，执行"添加列→日期→天→星期几"命令，得到星期几数据，操作结果如图 2-3-48 所示。

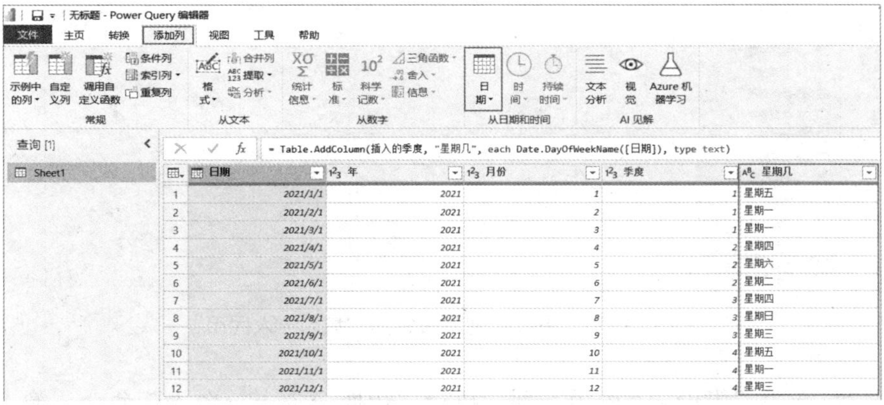

图 2-3-48 添加"星期几"列

十一、子任务 11：数据的基本数学运算

数据的基本数学运算。案例数据原型为某公司产品定价数据"23-数据整理"Sheet 表。

步骤 1：在查询编辑器中，选中"售价-美元"列，执行"添加列→标准→乘"命令，输入汇率值 6.5。具体操作如图 2-3-49 所示。

图 2-3-49 添加"美元"列

步骤 2：单击"确定"按钮，更改新列字段名为"售价 - 人民币"，如图 2-3-50 所示。

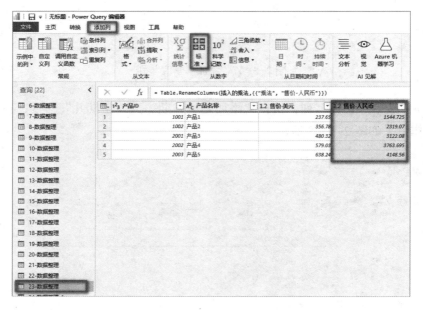

图 2-3-50 更改新列字段名为"售价 - 人民币"

步骤 3：选中"售价 - 人民币"列，执行"转换→舍入→舍入"命令，输入小数位数 1。具体操作如图 2-3-51 所示。

图 2-3-51 "售价 - 人民币"列保留一位小数

步骤 4：单击"确定"按钮，四舍五入后的数据如图 2-3-52 所示。

图 2-3-52 结果展示

十二、子任务 12：数据的组合

（一）追加查询

追加查询是表与表之间的纵向组合。一般情况下，是把字段一样的数据追加到一张表中，将两张表做追加查询。案例数据原型为某电子公司产品销售数据"24- 数据整理 -1"和"24- 数据整理 -2"Sheet 表。

"24- 数据整理 -1"Sheet 表包含"订单编号""金额""客户名称"3 个字段，6 条记录；

"24- 数据整理 -2"Sheet 表包含"订单编号""客户名称""客户省份""金额"4 个字段，5 条记录。

步骤 1：在查询编辑器中，"24- 数据整理 -1"和"24- 数据整理 -2"两张表数据如图 2-3-53 的（a）和（b）所示。

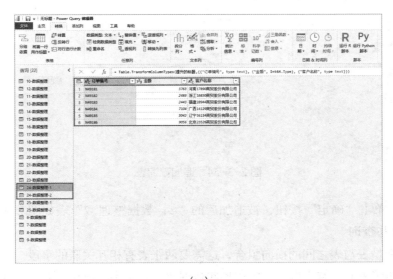

（a）

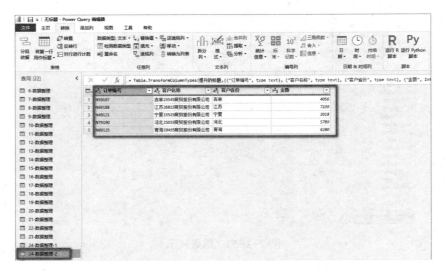

（b）

图 2-3-53 数据显示

步骤 2：在"24- 数据整理 -2"表中，执行"主页→追加查询"命令，选择要追加的"24- 数据整理 -1"。具体操作如图 2-3-54 所示。

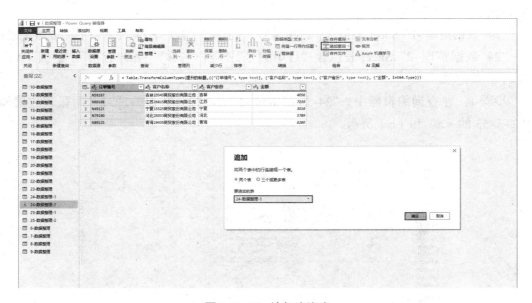

图 2-3-54 追加查询表

步骤 3：单击"确定"按钮，被追加后的"24- 数据整理 -2"表如图 2-3-55 所示。

（二）合并查询

合并查询是表与表之间的横向组合，这需要两张表有相互关联的字段。合并查询的新表中会生成两张表的所有字段，而生成哪些数据要看两张表的链接关系。合并查询中，表的链接关系有左外部、右外部、完全外部、内部、左反、右反 6 种。如图 2-3-56 所示。

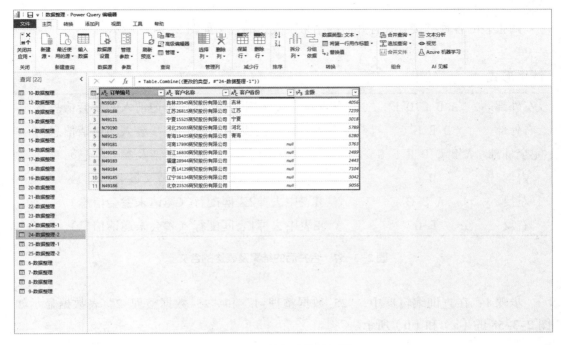

图 2-3-55　追加查询结果显示

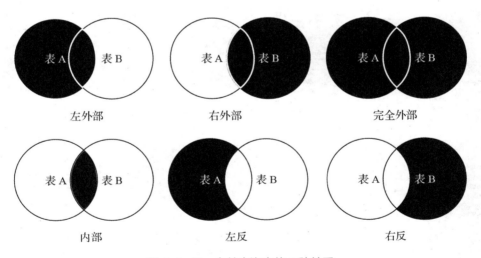

图 2-3-56　合并查询表的 6 种关系

　　本任务需要将两张表做合并查询（左外部链接）。案例数据原型为某公司会议邀请信息和参会信息数据"25- 数据整理 -1"与"25- 数据整理 -2"表。

　　"25- 数据整理 -1"表包含"姓名"和"邀请时间"2 个字段，5 条记录，邀请人分别是 A/B/C/D/E；

"25-数据整理-2"表包含"参会人"和"参会时间"2个字段，4条记录，参会人分别是 D/E/F/G。

两张表的各种链接方式合并后的结果及表达的含义如图 2-3-57 所示。

链接形式	结果	含义
左外部	A B C D E	1表所有行，2表匹配行（所有邀请人的参会信息）
右外部	D E F G	2表所有行，1表匹配行（所有参会人的邀请信息）
完全外部	A B C D E F G	1、2表中所有行（所有邀请及参会信息）
内部	D E	1、2表中匹配行（既邀请又参会信息）
左反	A B C	1表中去掉2表匹配行（邀请未参会信息）
右反	F G	2表中去掉1表匹配行（参会未邀请信息）

图 2-3-57　合并后的结果及表达的含义

步骤 1：在查询编辑器中，"25-数据整理-1"和"25-数据整理-2"表数据显示如图 2-3-58 的（a）和（b）所示。

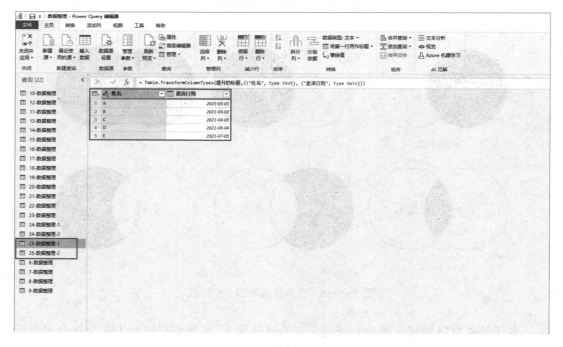

（a）

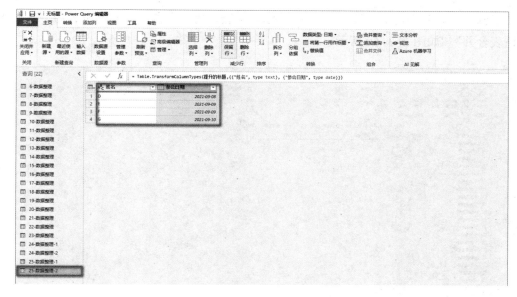

（b）

图 2-3-58　表数据显示

步骤 2：执行"主页→合并查询→将查询合并为新查询"命令，选择要合并的"25-数据整理-1"和"25-数据整理-2"表，双击两表的"姓名"字段，选择链接种类"左外部"。具体操作如图 2-3-59 所示。

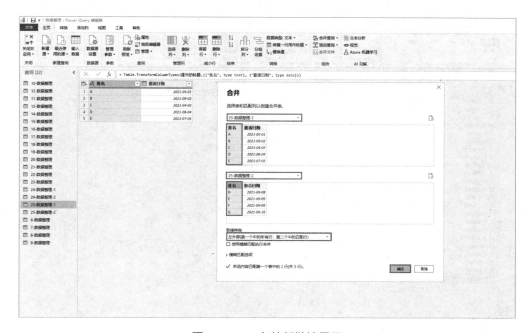

图 2-3-59　左外部链接显示

步骤 3：单击"确定"按钮，生成新的合并表，将"合并 1"表重命名为"参会表邀请表合并"。如图 2-3-60 所示。

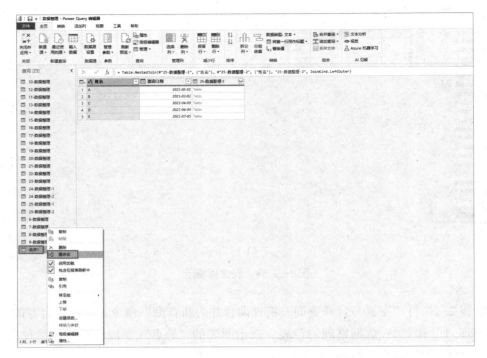

（a）

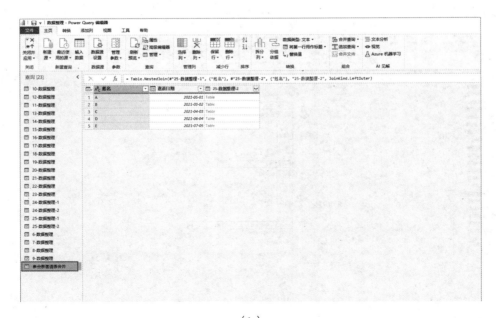

（b）

图 2-3-60　合并表并重命名

步骤 4：单击"25- 数据整理 -2"字段右侧的 ，选择"参会日期"字段。具体操作如图 2-3-61 所示。

图 2-3-61　展开字段列

步骤 5：单击"确定"按钮，展开字段后的合并表如图 2-3-62 所示。

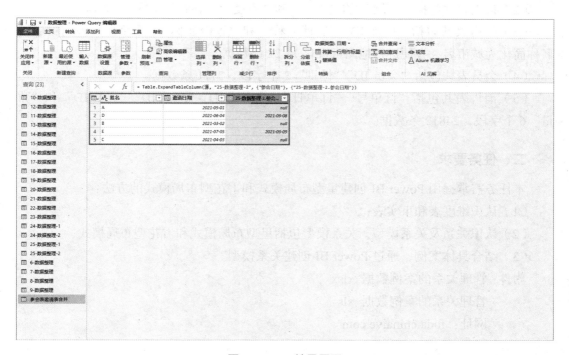

图 2-3-62　结果展示

任务 4　管理关系的实践任务

视频资源

📖 任务描述

一、任务目标

理解在 Power BI 中创建关系模型的原理，会利用 Power BI 创建星型布局模式和雪花型布局模式。本案例主要以"烘焙工坊"案例数据为基础，增加了维度表"会员表"，案例有四个维度表和一个事实表。四个维度表分别是产品表、日期表、门店表和会员表；事实表是销售表。

（1）产品表共包括"产品分类 ID""产品分类名称""产品 ID""产品名称"和"单价"5 个字段，7 条数据（记录）。

（2）日期表共包括"日期""年""月"和"季度"4 个字段，731 条数据。

（3）门店表共包括"店铺 ID""店铺名称"和"省份名称"3 个字段（说明：店铺名称简化为城市名，方便进行地图可视化），22 条数据。

（4）会员表共包括"会员 ID""性别"2 个字段，3111 条数据。

（5）销售表共包括"订单号""订单日期""店铺 ID""产品 ID""会员 ID"和"数量"6 个字段，24812 条数据。

二、任务要求

本任务需掌握用 Power BI 创建星型布局模式和雪花型布局模式的方法：

（1）认识维度表和事实表；

（2）认识关系及关系模型，关系模型包括星型布局模式和雪花型布局模式；

（3）结合具体案例，通过 Power BI 创建关系模型。

附件： 管理关系的案例数据 .xlsx

　　　　管理关系的案例数据 .xls

　　　　网址：fbda.chinaive.com

📖 任务实施

一、认识维度表和事实表

步骤 1：打开"管理关系的案例数据 .xlsx"文件，查看维度表（产品表、日期表、门店表、会员表）。

步骤 2：查看事实表（销售表）。

二、认识关系及关系模型

（一）认识关系模型的星型布局模式（星型分布）

本案例有四个维度表（产品表、日期表、门店表和会员表）和一个事实表（销售表），星型布局模式的关系视图（星型分布）如图 2-4-1 所示。

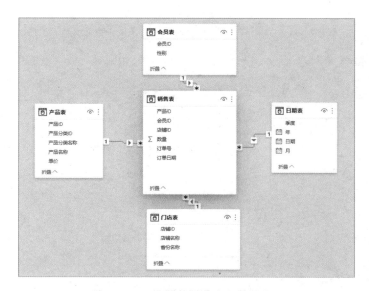

图 2-4-1　星型布局模式之星型分布

（二）认识关系模型的星型布局模式（上下分布）

本案例有四个维度表（产品表、日期表、门店表和会员表）和一个事实表（销售表），星型布局模式的关系视图（上下分布）如图 2-4-2 所示。

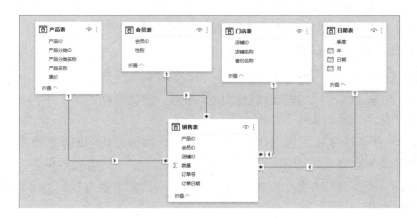

图 2-4-2　星型布局模式之上下分布

（三）认识关系模型的雪花型布局模式

本案例有六个维度表（产品表、产品分类表、日期表、门店表、门店省份表和会员表）和一个事实表（销售表），采用雪花型布局模式。其中，维度表产品分类表和维度表产品表先关联，维度表产品表再和事实表销售表相关联；维度表门店省份表和维度表门店表先关联，维度表门店表再和事实表销售表相关联；维度表日期表和会员表直接与事实表销售表相关联。

雪花型布局模式的关系视图如图 2-4-3 所示。

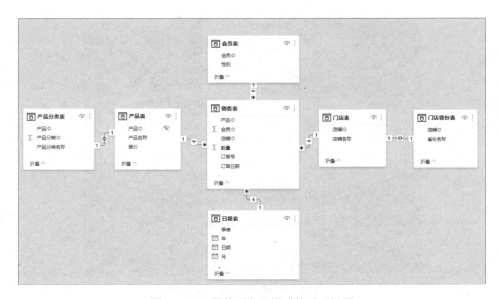

图 2-4-3　雪花型布局模式的关系视图

三、创建关系

本案例导入表格数据为四个维度表（产品表、日期表、门店表和会员表）和一个事实表（销售表），查看并创建维度表和事实表之间的关系。

（一）创建关系——自动创建

步骤 1：在 Power BI Desktop 中，导入"管理关系的案例数据 .xlsx"文件，全选 5 张 Sheet 表，点击"加载"。单击模型视图 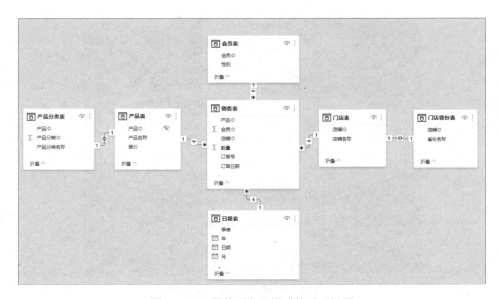 图标，使关系视图呈上下排列，查看自动创建关系的报表，如图 2-4-4 所示。

步骤 2：从图 2-4-4 中可以看出，一般情况下，因为有相同的字段名称，维度表与事实表（销售表）会自动创建 1：* 关系。这里，产品表、门店表与销售表自动创建了关系，会员表与销售表没有自动创建关系；日期表与销售表没有相同的字段名称，因此没有自动创建关系。

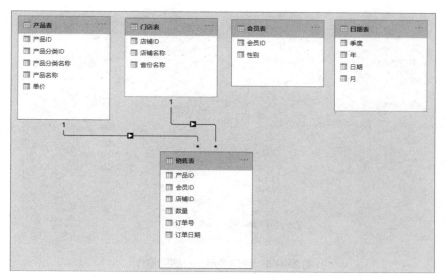

图 2-4-4　创建关系——自动创建

（二）创建关系——鼠标拖动

步骤 1：在模型视图窗口中，日期表的"日期"与销售表的"订单日期"可以建立关联。单击日期表中"日期"字段，拖动鼠标到销售表中的"订单日期"字段，手工建立日期表与销售表之间的 1：* 关系。同理，根据"会员 ID"手工建立会员表与销售表之间的 1：* 关系。如图 2-4-5 所示。

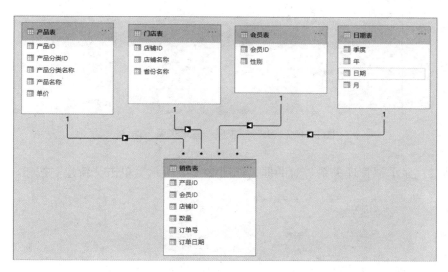

图 2-4-5　创建关系——鼠标拖动

步骤 2：在模型视图窗口中，右键单击销售表与日期表的关系连接线，选择"删除"命令，删除建立的关系。如图 2-4-6 所示。

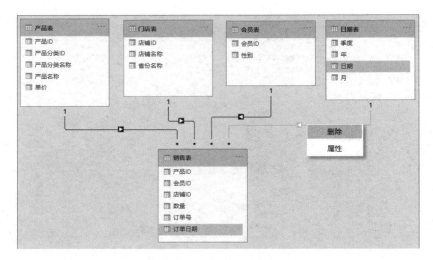

图 2-4-6　创建关系——删除操作

（三）创建关系——设置属性

步骤 1：在模型视图窗口中，执行"主页→管理关系"命令。如图 2-4-7 所示。

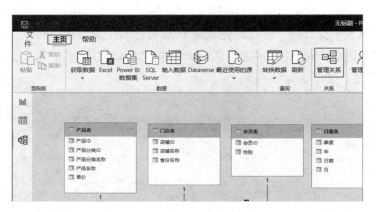

图 2-4-7　执行"主页→管理关系"命令

步骤 2：显示"管理关系"对话框，如图 2-4-8 所示。单击"新建"按钮。

图 2-4-8　显示"管理关系"对话框

步骤3：在"创建关系"对话框中，事实表选择"销售表"，维度表选择"日期表"，分别单击"订单日期"和"日期"字段，基数（关系模型）默认"多对一"，交叉筛选方向默认"单一"，如图2-4-9所示。

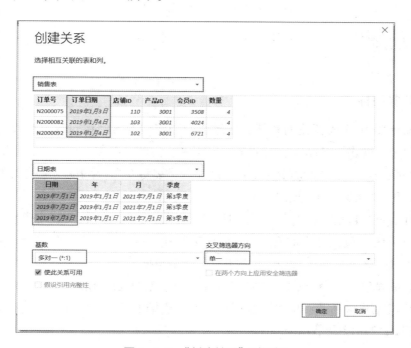

图 2-4-9　"创建关系"对话框

步骤4：单击"确定"按钮。销售表与日期表通过设置属性的方式创建了关系，结果如图2-4-10所示。

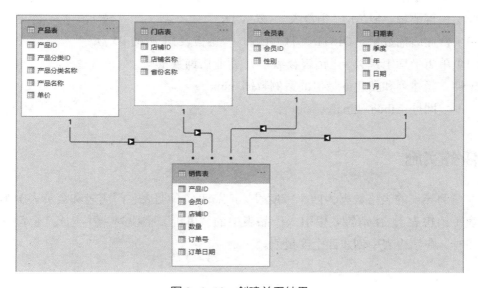

图 2-4-10　创建关系结果

任务 5 新建列和新建度量值的实践任务

视频资源

📖 任务描述

一、任务目标

在 Power BI 中完成新建列和新建度量值的操作。本案例在 pbix 文件中导入的表格数据包括四个维度表（产品表、日期表、门店表和会员表）和一个事实表（销售表）。

（1）产品表共包括"产品分类 ID""产品分类名称""产品 ID""产品名称"和"单价"5 个字段，7 条数据（记录）。

（2）日期表共包括"日期""年""月"和"季度"4 个字段，731 条数据。

（3）门店表共包括"店铺 ID""店铺名称"和"省份名称"3 个字段（说明：店铺名称简化为城市名，方便进行地图可视化），22 条数据。

（4）会员表包括"会员 ID""性别"2 个字段，3111 条数据。

（5）销售表共包括"订单号""订单日期""店铺 ID""产品 ID""会员 ID"和"数量"6 个字段，24812 条数据。

二、任务要求

本任务需结合具体案例，通过 Power BI 新建列和四个度量值。四个度量值包括：

（1）销售金额 = SUM（'销售表'［金额］）；

（2）销售数量 = SUM（'销售表'［数量］）；

（3）营业店铺数量 = DISTINCTCOUNT（'销售表'［店铺 ID］）；

（4）单店平均销售额 = ［销售金额］/［营业店铺数量］。

附件：新建列和新建度量值的案例数据 .pbix

网址：fbda.chinaive.com

📖 任务实施

本案例导入的表格数据为四个维度表（产品表、日期表、门店表和会员表）和一个事实表（销售表），在销售表中引入产品表中的"单价"字段列，并生成"金额"字段列。同时，在销售表中创建四个度量值。

一、新建列

单价 = RELATED（'产品表'［单价］）
金额 ='销售表'［数量］*'销售表'［单价］

英文格式的单引号用来引用表名，如"'产品表'"表示引用产品表。

英文格式的中括号用来引用列名或度量值名，如"［单价］"表示引用"单价"列。

"RELATED（）"函数是 DAX 提供的一个关系函数，当两个表之间建立了关系，就可以使用该函数访问与之关联的表中的列。在一对多关系中，"RELATED（）"函数可以从"多"端访问"一"端，即在"多"表中使用"RELATED（）"函数，可以从相关联的"一"表中匹配到唯一值。如果没有与之匹配的行，"RELATED（）"函数会返回空值。

例如，"产品表"中的"产品 ID"具有唯一性，"产品表"属于"一"表。"销售表"中对于相同的"产品 ID"具有多个值，"销售表"属于"多"表。产品表和"销售表"通过"产品 ID"建立关系，在"销售表"中使用"RELATED（）"函数，可以从"产品表"中匹配到相应的单价。

步骤 1：在 Power BI Desktop 中，打开"新建列和新建度量值的案例数据 .pbix"文件，单击 Power BI 窗口左侧的数据视图 图标，选择窗口右侧的"销售表"，单击"订单号"右侧的 ，选择"以升序排序"，如图 2-5-1 所示。

图 2-5-1　字段排序

步骤 2：执行"表工具或列工具→新建列"命令，如图 2-5-2 所示。

图 2-5-2　执行"表工具或列工具→新建列"命令

步骤3：在公式编辑器窗口，输入公式——单价 = RELATED（'产品表'[单价]），按回车键后，生成"单价"列，如图2-5-3所示。

图2-5-3　新建"单价"列

步骤4：继续新建列，在公式编辑器窗口，输入公式——金额 = '销售表'[数量]*'销售表'[单价]，按回车键后，生成"金额"列，如图2-5-4所示。

图2-5-4　新建"金额"列

二、新建度量值

在销售表中创建如下四个度量值：

> 销售金额 = SUM（'销售表'[金额]）
>
> 销售数量 = SUM（'销售表'[数量]）
>
> 营业店铺数量 = DISTINCTCOUNT（'销售表'[店铺 ID]）
>
> 单店平均销售额 = [销售金额] / [营业店铺数量]

"SUM（）函数"是求和函数，只能对数值进行求和，不能对文本字符进行求和。

"DISTINCTCOUNT（）函数"用来计算非重复项目的数目，也就是去重后的数目。Excel透视表有计数这一功能，但无法直接实现重复项目的去重，"DISTINCTCOUNT（）"函数专为解决这个问题而设。

注意："DISTINCTCOUNT（）"函数的计数结果包含空值，如果要跳过空值，需使用"DISTINCTCOUNTNOBLANK（）"函数。本任务数据不存在空值，所以选用"DISTINCTCOUNT（）"函数。

步骤1：在销售表中，执行"表工具→新建度量值"命令，如图2-5-5所示。

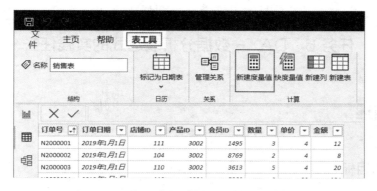

图 2-5-5　执行"表工具→新建度量值"命令

步骤 2：在公式编辑栏输入度量值公式——销售金额 = SUM（'销售表'[金额]），按回车键，生成"销售金额"度量值，如图 2-5-6 所示。

图 2-5-6　生成"销售金额"度量值

步骤 3：在右侧字段栏下方可查看到新增加的"销售金额"度量值，如图 2-5-7 所示。

图 2-5-7　查看"销售金额"度量值

步骤 4：同理，设置"销售数量""单店平均销售额""营业店铺数量"三个度量值的公式。

任务6 DAX- 数据分析表达式的实践任务

视频资源

📖 任务描述

一、任务目标

掌握 DAX 公式的语法和 DAX 常见函数，掌握 CALCULATE、DIVIDE、FILLTER、时间智能等函数的用法。本案例需在 pbix 文件中导入四个维度表（产品表、日期表、门店表和会员表）和一个事实表（销售表）。

（1）产品表共包括"产品分类 ID""产品分类名称""产品 ID""产品名称"和"单价"5 个字段，7 条数据（记录）。

（2）日期表共包括"日期""年""月"和"季度"4 个字段，731 条数据。

（3）门店表共包括"店铺 ID""店铺名称"和"省份名称"3 个字段（说明：店铺名称简化为城市名，方便进行地图可视化），22 条数据。

（4）会员表包括"会员 ID""性别"2 个字段，3111 条数据。

（5）销售表共包括"订单号""订单日期""店铺 ID""产品 ID""会员 ID"和"数量"6 个字段，24812 条数据。

二、任务要求

结合具体案例，通过 Power BI 运用 CALCULATE 和 DIVIDE 函数。

（1）认识 DAX 公式，熟悉 DAX 语法及运算符；

（2）认识 CALCULATE 函数；

（3）认识 DIVIDE 函数。

附件：DAX 数据分析表达式的案例数据（1）.pbix

　　　　网址：fbda.chinaive.com

📖 任务实施

一、认识 CALCULATE 函数

（一）生成长春市门店的不同产品分类、不同年度的销售金额数据表

本案例导入的表格数据为四个维度表（产品表、日期表、门店表和会员表）和一个事实表（销售表），在销售表下创建"长春市门店销售金额"度量值。

> 长春市门店销售金额 = CALCULATE（'销售表'［销售金额］, FILTER（'门店表', '门店表'［店铺名称］='长春市'））

在度量值中，若出现复杂的筛选，可使用 FILTER 函数。

上述度量值因筛选条件比较简单，也可以不用 FILTER 函数作为筛选条件，简化为如下表达：

> 长春市门店销售金额 = CALCULATE（'销售表'［销售金额］, '门店表'［店铺名称］='长春市'）

（二）CALCULATE 函数

CALCULATE 函数是 DAX 函数中最复杂、最灵活、最强大的函数，是 DAX 函数的引擎。

CALCULATE 函数是在指定筛选器修改的上下文中的计算表达式。

1. 语法结构

CALCULATE 函数的语法结构为：CALCULATE（表达式,〈筛选条件 1〉,〈筛选条件 2〉……）

第一个参数是计算表达式，可以执行各种聚合运算，常常与聚合函数组合使用，常见的聚合函数包括 SUM、AVERVAGE、MAX、COUNTROWS 等。

第一个参数也可以使用度量值，因为度量值本身就是一个聚合函数运算。

从第二个参数开始是一系列筛选条件，可以为空；如果有多个筛选条件，用逗号分隔。

2. 运算顺序

CALCULATE 函数的运算顺序是从右到左，根据从第二个参数开始指定的筛选条件，得到一个数据集合，然后对这个数据集合执行第一个参数指定的计算。

3. 特性

CALCULATE 函数内部的筛选条件若与外部筛选条件冲突，会强制删除外部筛选条件，按内部筛选条件执行。例如，当切片器的筛选条件和 CALCULATE 函数内部的筛选条件冲突时，切片器对它不起作用。

步骤 1：在 Power BI Desktop 中，打开"DAX 数据分析表达式的案例数据 .pbix"文件，单击左侧的数据视图▦图标，选择右侧的"销售表"，执行"表工具→新建度量值"命令。

步骤 2：在公式编辑栏输入度量值公式——长春市门店销售金额 = CALCULATE（'销售表'［销售金额］, FILTER（'门店表', '门店表'［店铺名称］='长春市'）），按回车键，生成"长春市门店销售金额"度量值。如图 2-6-1 所示。

订单号	订单日期	店铺ID	产品ID	会员ID	数量	单价	金额
N2000075	2019年1月3日	110	3001	3508	4	2	8
N2000082	2019年1月4日	103	3001	4024	4	2	8
N2000092	2019年1月4日	102	3001	6721	4	2	8
N2000117	2019年1月4日	105	3001	8058	4	2	8
N2000157	2019年1月6日	108	3001	7370	4	2	8

图 2-6-1　设置度量值公式

步骤 3：点击左侧的报表视图 图标，再单击"可视化"对话框中的 矩阵图标，设置相关参数，如图 2-6-2 所示。

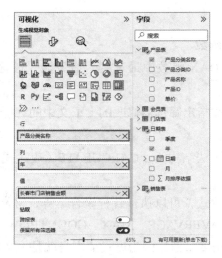

图 2-6-2　设置相关参数

步骤 4：单击 设置视觉对象格式图标，设置列标题、行标题，"值"的文本大小为 15，如图 2-6-3 所示。

图 2-6-3　设置视觉对象格式

步骤 5：生成的矩阵表如图 2–6–4 所示。

文件
主页
插入
建模
视图
帮助
粘贴
剪切
复制
格式刷
剪贴板
获取数据
Excel
Power BI 数据集
SQL Server
输入数据
Dataverse
最近使用的源
数据
产品分类名称 2019 2020 总计
饼干 15896 12028 27924
面包 53626 40270 93896
饮料 5716 4464 10180
总计 75238 56762 132000

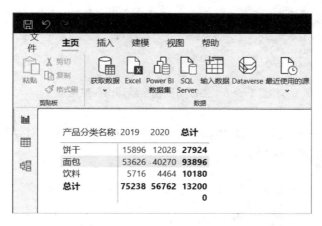

图 2–6–4　生成的矩阵表

二、认识 DIVIDE 函数

在销售表下创建如下两个度量值，用以计算销售金额的环比增长率：

上月销售额 = CALCULATE ('销售表' [销售金额], PREVIOUSMONTH ('日期表' [日期]))

销售金额环比 = DIVIDE ('销售表' [销售金额] – '销售表' [上月销售额], '销售表' [上月销售额])

步骤 1：在销售表中执行“主页→新建度量值”命令。

步骤 2：在公式编辑栏输入度量值公式——上月销售额 = CALCULATE ('销售表' [销售金额], PREVIOUSMONTH ('日期表' [日期]))，按回车键，生成“上月销售额”度量值。如图 2–6–5 所示。

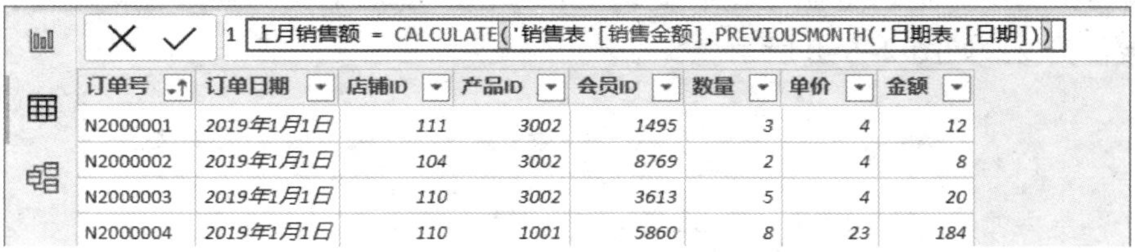

1 上月销售额 = CALCULATE('销售表'[销售金额],PREVIOUSMONTH('日期表'[日期]))
订单号 订单日期 店铺ID 产品ID 会员ID 数量 单价 金额
N2000001 2019年1月1日 111 3002 1495 3 4 12
N2000002 2019年1月1日 104 3002 8769 2 4 8
N2000003 2019年1月1日 110 3002 3613 5 4 20
N2000004 2019年1月1日 110 1001 5860 8 23 184

图 2–6–5　生成“上月销售额”度量值

步骤 3：继续新建度量值，在公式编辑栏输入度量值公式——销售金额环比 = DIVIDE ('销售表' [销售金额] – '销售表' [上月销售额], '销售表' [上月销售额])，按回车键，生成“销售金额环比”度量值。如图 2–6–6 所示。

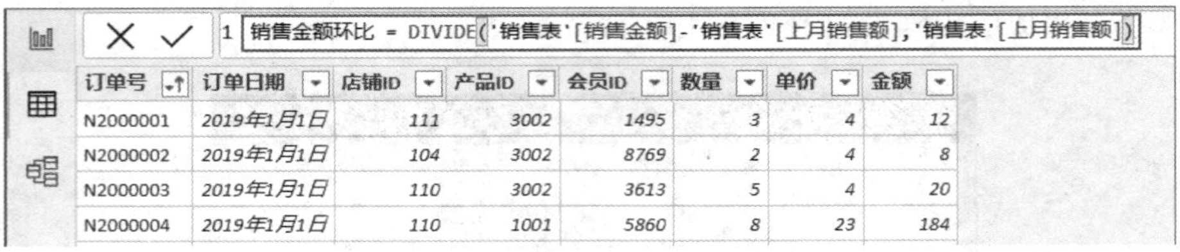

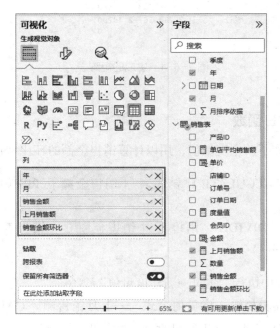

图 2-6-6 生成"销售金额环比"度量值

步骤 4：点击左侧的报表视图 📊 图标，再单击"可视化"对话框中的 ⊞ 表图标，设置相关参数，如图 2-6-7 所示。

图 2-6-7 设置相关参数

步骤 5：选中"销售金额环比"度量值，单击"度量工具"菜单，再单击 % 图标，设置小数位为 2，如图 2-6-8 所示。

图 2-6-8 设置数据格式

步骤 6：单击 📝 设置视觉对象格式图标，设置列标题，"值"的文本大小为 15，生成的表如图 2-6-9 所示。

年	月	销售金额	上月销售额	销售金额环比
2019年	1月	34719		
2019年	2月	44600	34719	28.46%
2019年	3月	58384	44600	30.91%
2019年	4月	57670	58384	-1.22%
2019年	5月	55752	57670	-3.33%
2019年	6月	53374	55752	-4.27%
2019年	7月	56581	53374	6.01%
2019年	8月	55765	56581	-1.44%
2019年	9月	54795	55765	-1.74%
2019年	10月	55693	54795	1.64%
2019年	11月	56224	55693	0.95%
2019年	12月	58566	56224	4.17%
2020年	1月	53828	58566	-8.09%
2020年	2月	66045	53828	22.70%
2020年	3月	51763	66045	-21.62%
2020年	4月	67974	51763	31.32%
2020年	5月	79118	67974	16.39%
2020年	6月	71426	79118	-9.72%
2020年	7月	91165	71426	27.64%
2020年	8月	101419	91165	11.25%
2020年	9月	111766	101419	10.20%
2020年	10月	123249	111766	10.27%
2020年	11月	130020	123249	5.49%
2020年	12月	147538	130020	13.47%
总计		1737434		

图 2-6-9　生成的表

任务 7　常用可视化图表的实践任务

📖 任务描述

视频资源

一、任务目标

熟悉 Power BI 默认的可视化元素，掌握常用可视化元素的设置操作。本案例需在 pbix 文件中导入的表格数据包括四个维度表（产品表、日期表、门店表和会员表）和两个事实表（销售表、任务表）。

（1）产品表共包括"产品分类 ID""产品分类名称""产品 ID""产品名称"和"单价"5 个字段，7 条数据（记录）。

（2）日期表共包括"日期""年""月"和"季度"4 个字段，730 条数据。

（3）门店表包括"店铺 ID""店铺名称"和"省份名称"3 个字段（说明：店铺名称简化为城市名，方便进行地图可视化），22 条数据。

（4）会员表包括"会员 ID""性别"2 个字段，3111 条数据。

（5）销售表共包括"订单号""订单日期""店铺 ID""产品 ID""会员 ID"和"数量"6 个字段，24812 条数据。

（6）任务表共包括"店铺名称""年度""任务"和"日期"4 个字段，33 条数据。

二、任务要求

结合具体案例，设计并选择合适的可视化元素。常用可视化元素包括条形图、柱形图、折线图、面积图、组合图、丝带图表、瀑布图、散点图、拼图和环形图、树状图、地图、漏斗图、仪表图、卡片和多行卡、KPI（关键绩效指标）表和矩阵、切片器。

附件： 常用可视化图表的案例数据 .pbix

网址：fbda.chinaive.com

📖任务实施

在 Power BI Desktop 中打开"常用可视化图表的案例数据 .pbix"文件，依次完成常用可视化图形的设置操作。

一、条形图

（一）简单条形图

新建简单条形图（以条形图展示不同产品分类下的销售金额）。

步骤 1：单击 Power BI 窗口左侧的报表视图 📊 图标，选择"第 1 页"表页，将其改名为"条形图"。

步骤 2：单击"可视化"对话框中的"堆积条形图"图标，设置图表属性；单击 ✍ 格式图标，设置图表格式。具体操作如图 2-7-1 所示。

图 2-7-1　设置图表属性和图表格式

步骤 3：通过 ✍，可以设置生成图表的字体、字号、颜色、是否显示数据标签等各种格式，后续案例中对此不再赘述。

（二）堆积条形图

新建堆积条形图（以堆积条形图展示不同产品分类下的不同产品的销售金额）。

步骤1：单击Power BI窗口左侧的报表视图 📊 图标，选择"条形图"表页。

步骤2：单击"可视化"对话框中的"堆积条形图"图标，设置图表属性，具体操作及生成的图表如图2-7-2所示。

图2-7-2　设置图表属性

（三）簇状条形图

新建簇状条形图（以簇状条形图展示不同产品分类下的不同产品的销售金额）。

步骤1：单击Power BI窗口左侧的报表视图 📊 图标，选择"条形图"表页。

步骤2：单击"可视化"对话框中的"簇状条形图"图标，设置图表属性，具体操作及生成的图表如图2-7-3所示。

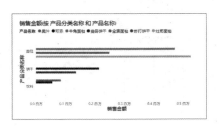

图2-7-3　设置图表属性

（四）百分比堆积条形图

新建百分比堆积条形图（以百分比堆积条形图展示不同产品分类下的不同产品的销售金额占总分类金额的百分比）。

步骤1：单击 Power BI 窗口左侧的报表视图 图标，选择"条形图"表页。

步骤2：单击"可视化"对话框下的"百分比堆积条形图"图标，设置图表属性，具体操作及生成的图表如图2-7-4所示。

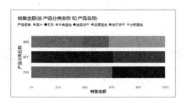

图 2-7-4　设置图表属性

二、柱形图

（一）简单柱形图

新建简单柱形图（以柱形图展示不同季度的销售金额）。

步骤1：单击 Power BI 窗口左侧的报表视图 图标，新建表页，将其改名为"柱形图"。

步骤2：单击"可视化"对话框下的"堆积柱形图"图标，设置图表属性，具体操作及生成的图表如图2-7-5所示。

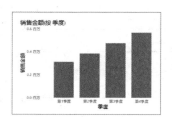

图 2-7-5　设置图表属性

（二）堆积柱形图

新建堆积柱形图（以堆积柱形图展示不同季度的不同产品分类的销售金额）。

步骤 1：单击 Power BI 窗口左侧的报表视图 图标，选择"柱形图"表页。

步骤 2：单击"可视化"对话框下的"堆积柱形图"图标，设置图表属性，具体操作及生成的图表如图 2-7-6 所示。

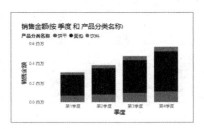

图 2-7-6　设置图表属性

（三）簇状柱形图

新建簇状柱形图（以簇状柱形图展示不同季度的不同产品分类的销售金额）。

步骤 1：单击 Power BI 窗口左侧的报表视图 图标，选择"柱形图"表页。

步骤 2：单击"可视化"对话框下的"簇状柱形图"图标，设置图表属性，具体操作及生成的图表如图 2-7-7 所示。

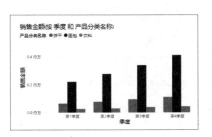

图 2-7-7　设置图表属性

（四）百分比堆积柱形图

新建百分比堆积柱形图（以百分比堆积柱形图展示不同季度的不同产品分类的销售金额占总分类金额的百分比）。

步骤1：单击 Power BI 窗口左侧的报表视图 📊 图标，选择"柱形图"表页。

步骤2：单击"可视化"对话框下的"百分比堆积柱形图"图标，设置图表属性，具体操作及生成的图表如图2-7-8所示。

 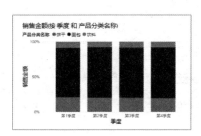

图 2-7-8　设置图表属性

三、折线图

新建折线图（以折线图展示不同月份不同产品分类的销售金额变化趋势）。

步骤1：单击 Power BI 窗口左侧的报表视图 📊 图标，新建表页，将其改名为"折线图"。

步骤2：单击"可视化"对话框下的"折线图"图标，设置图表属性，具体操作及生成的图表如图2-7-9所示。

图 2-7-9　设置图表属性

四、面积图

（一）分区图

新建分区图（以分区图展示不同月份不同产品分类的销售金额变化趋势）。

步骤 1：单击 Power BI 窗口左侧的报表视图 图标，新建表页，将其改名为"面积图"。

步骤 2：单击"可视化"对话框下的"分区图"图标，设置图表属性，具体操作及生成的图表如图 2-7-10 所示。

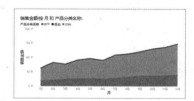

图 2-7-10　设置图表属性

（二）堆积面积图

新建堆积面积图（以堆积面积图展示不同月份不同产品分类的销售金额变化趋势）。

步骤 1：单击 Power BI 窗口左侧的报表视图 图标，选中"面积图"表页。

步骤 2：单击"可视化"对话框下的"堆积面积图"图标，设置图表属性，具体操作及生成的图表如图 2-7-11 所示。

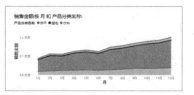

图 2-7-11　设置图表属性

五、组合图

（一）折线和堆积柱形图

新建折线和堆积柱形图（以折线和堆积柱形图展示不同月份不同产品分类的销售金额、销售数量变化趋势。折线图反映销售数量变化，柱形图反映销售金额变化。）

步骤 1：单击 Power BI 窗口左侧的报表视图 📊 图标，新建表页，将其改名为"组合图"。

步骤 2：单击"可视化"对话框下的"折线和堆积柱形图"图标，设置图表属性，具体操作及生成的图表如图 2-7-12 所示。

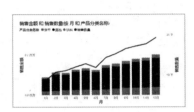

图 2-7-12　设置图表属性

（二）折线和簇状柱形图

新建折线和簇状柱形图（以折线和簇状柱形图展示不同月份不同产品分类的销售金额、销售数量变化趋势。折线图反映销售数量变化，柱形图反映销售金额变化。）

步骤 1：单击 Power BI 窗口左侧的报表视图 📊 图标，选择"组合图"表页。

步骤 2：单击"可视化"对话框下的"折线和簇状柱形图"图标，设置图表属性，具体操作及生成的图表如图 2-7-13 所示。

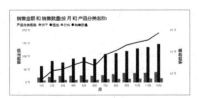

图 2-7-13　设置图表属性

六、丝带图表

新建丝带图表（以功能区图展示不同月份不同产品分类的销售金额变化排名）。

步骤 1：单击 Power BI 窗口左侧的报表视图 图标，新建表页，将其改名为"丝带图"。

步骤 2：单击"可视化"对话框下的"丝带图"图标，设置图表属性，具体操作及生成的图表如图 2-7-14 所示。

 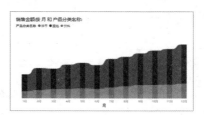

图 2-7-14　设置图表属性

七、瀑布图

新建瀑布图（以瀑布图展示不同产品的销售金额及总计情况）。

步骤 1：单击 Power BI 窗口左侧的报表视图 图标，新建表页，将其改名为"瀑布图"。

步骤 2：单击"可视化"对话框下的"瀑布图"图标，设置图表属性，具体操作及生成的图表如图 2-7-15 所示。

 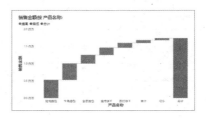

图 2-7-15　设置图表属性

八、散点图

新建动态散点图（以散点图展示不同店铺不同月份的销售金额及销售数量的变化情况）。

步骤 1：单击 Power BI 窗口左侧的报表视图 📊 图标，新建表页，将其改名为"散点图"。

步骤 2：单击"可视化"对话框下的"散点图"图标，设置图表属性，具体操作及生成的图表如图 2-7-16 所示。

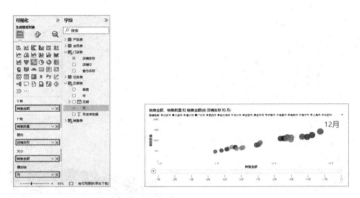

图 2-7-16　设置图表属性

九、饼图和环形图

（一）饼图

新建饼图（以饼图展示不同产品分类的销售金额占比）。

步骤 1：单击 Power BI 窗口左侧的报表视图 📊 图标，新建表页，将其改名为"饼图和环形图"。

步骤 2：单击"可视化"对话框下的"饼图"图标，设置图表属性，并调整图的格式，设置"图例→位置"为"靠上左对齐"，设置"详细信息标签→值→值的小数位"为"2"，具体操作及生成的图表如图 2-7-17 所示。

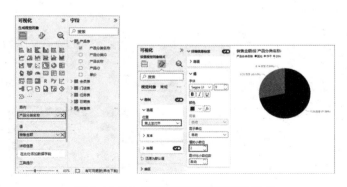

图 2-7-17　设置图表属性和图的格式

（二）环形图

新建环形图（以环形图展示不同产品分类的销售金额占比）。

步骤 1：单击 Power BI 窗口左侧的报表视图 📊 图标，选择"饼图和环形图"表页。

步骤 2：单击"可视化"对话框下的"环形图"图标，设置图表属性，并调整图的格式，设置"图例→位置"为"靠上左对齐"，设置"详细信息标签→值→值的小数位"为"2"，具体操作及生成的图表如图 2-7-18 所示。

图 2-7-18　设置图表属性

十、树状图

新建树状图（以树状图展示不同产品的销售金额及占总体的比例情况）。

步骤 1：单击 Power BI 窗口左侧的报表视图 📊 图标，新建表页，将其改名为"树状图"。

步骤 2：单击"可视化"对话框下的"树状图"图标，设置图表属性；调整图表的格式，将数据标签打开，具体操作及生成的图表如图 2-7-19 所示。

 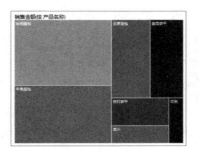

图 2-7-19　设置图表属性

十一、漏斗图

新建漏斗图（以漏斗图展示不同产品的销售金额变化）。

步骤 1：单击 Power BI 窗口左侧的报表视图 📊 图标，新建表页，将其改名为"漏斗图"。

步骤 2：单击"可视化"对话框下的"漏斗"图标，设置图表属性，具体操作及生成的图表如图 2-7-20 所示。

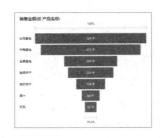

图 2-7-20　设置图表属性

说明：此案例用漏斗图展示不是很精确。此处仅展示漏斗图可视化的效果。

十二、仪表图

（一）数值仪表图

新建数值仪表图（以仪表盘展示销售金额与任务额，从而查看销售额的完成情况）。

步骤 1：单击 Power BI 窗口左侧的报表视图 📊 图标，新建表页，将其改名为"仪表图"。

步骤 2：单击"可视化"对话框下的"仪表"图标，设置图表属性，并设置图表格式，设置"视觉对象→测量轴→最大"为 220000X，设置"数据标签→目标→标注值"中"值的小数位"为 2，具体操作如图 2-7-21 所示。

图 2-7-21　设置图表属性和图表格式

步骤 3：生成的图表如图 2-7-22 所示。

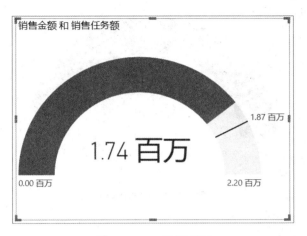

图 2-7-22　结果展示

（二）百分比仪表图

新建百分比仪表图（以仪表盘展示销售金额完成度，从而查看销售额的完成情况）。

步骤 1：单击 Power BI 窗口左侧的报表视图  图标，选择"仪表图"报表页。

步骤 2：单击"可视化"对话框下的"仪表"图标，设置图表属性和图表格式，具体操作如图 2-7-23 所示。

图 2-7-23　设置图表属性和图表格式

步骤 3：生成的图表如图 2-7-24 所示。

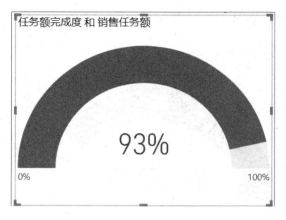

图 2-7-24　结果展示

十三、卡片和多行卡

（一）卡片图

新建卡片图（以卡片图展示销售金额与任务额完成度两个指标）。

步骤 1：单击 Power BI 窗口左侧的报表视图 ◰ 图标，新建表页，将其改名为"卡片和多行卡"。

步骤 2：单击"可视化"对话框下的"卡片图"图标，设置图表属性，调整格式，将"值的小数位"设置为 2，将边框设置为"打开"，具体操作及生成的图表如图 2-7-25 所示。

图 2-7-25　设置图表属性和图表格式

步骤 3：单击"可视化"对话框下的"卡片"图标，设置图表属性，调整格式，将边框设置为"打开"，具体操作及生成的图表如图 2-7-26 所示。

图 2-7-26　设置图表属性

（二）多行卡

新建多行卡（以多行卡展示销售金额、销售数量、营业店铺数量、单店平均销售额等指标）。

步骤 1：单击 Power BI 窗口左侧的报表视图 图标，选择"卡片及多行卡"报表页。

步骤 2：单击"可视化"对话框下的"多行卡"图标，设置图表属性，具体操作及生成的图表如图 2-7-27 所示。

图 2-7-27　设置图表属性

十四、KPI

新建 KPI（以 KPI 图按年展示销售金额与销售任务额及其差异情况）。

步骤 1：单击 Power BI 窗口左侧的报表视图 图标，新建表页，将其改名为"KPI"。

步骤 2：单击"可视化"对话框下的"KPI"图标，设置图表属性，具体操作及生成的图表如图 2-7-28 所示。

图 2-7-28　设置图表属性

说明：由图 2-7-28 可以看出，销售金额的实际值为 1095311，目标值为 1220000，差异率为 -10.22%。

十五、表和矩阵

（一）表

新建表（以表的形式展示不用年度、不同月份的销售金额、上月销售额、销售金额环比、上年销售额、销售金额同比等数据）。

步骤 1：单击 Power BI 窗口左侧的报表视图 ![图标] 图标，新建表页，将其改名为"表和矩阵"。

步骤 2：单击"可视化"对话框下的"表"图标，设置图表属性。然后分别选中"销售金额环比"和"销售金额同比"两个度量值，在"度量工具"菜单下的"格式化"中设置百分比和小数位。具体操作如图 2-7-29 所示。

图 2-7-29　设置图表属性

步骤 3：生成的图表如图 2-7-30 所示。

（二）矩阵

新建矩阵（以矩阵的形式展示不用店铺、不同产品的销售金额情况）。

步骤 1：单击 Power BI 窗口左侧的报表视图 📊 图标，选择"表和矩阵"报表页。

步骤 2：单击"可视化"对话框下的"矩阵"图标，设置图表属性，具体操作及生成的图表如图 2-7-31 所示。

年	月	销售金额	上月销售额	销售金额环比	上年销售额	销售金额同比
2019年	1月	34719				
2019年	2月	44600	34719	28.46%		
2019年	3月	58384	44600	30.91%		
2019年	4月	57670	58384	-1.22%		
2019年	5月	55752	57670	-3.33%		
2019年	6月	53374	55752	-4.27%		
2019年	7月	56581	53374	6.01%		
2019年	8月	55765	56581	-1.44%		
2019年	9月	54795	55765	-1.74%		
2019年	10月	55693	54795	1.64%		
2019年	11月	56224	55693	0.95%		
2019年	12月	58566	56224	4.17%		
2020年	1月	53828	58566	-8.09%	34719	55.04%
2020年	2月	67989	53828	26.31%	48321	40.70%
2020年	3月	52194	66045	-20.97%	56520	-7.65%
2020年	4月	68765	51763	32.85%	56715	21.25%
2020年	5月	77570	67974	14.12%	56808	36.55%
2020年	6月	71296	79118	-9.89%	52860	34.88%
2020年	7月	92083	71426	28.92%	57547	60.01%
2020年	8月	100738	91165	10.50%	55273	82.26%
2020年	9月	114539	101419	12.94%	54864	108.77%
2020年	10月	123940	111766	10.89%	56185	120.59%
2020年	11月	129260	123249	4.88%	55827	131.54%
2020年	12月	143109	130020	10.07%	56484	153.36%
总计		**1737434**			**642123**	**170.58%**

图 2-7-30　结果展示

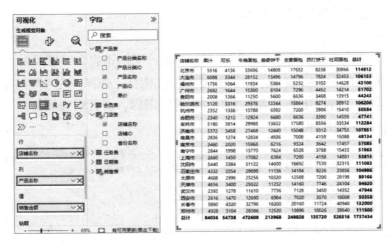

图 2-7-31　设置图表属性

十六、切片器

新建切片器（新建"年度""季度""月份"三个切片器，从而展示某一年度、某一季度、某一月份下不同产品分类的销售金额情况）。

步骤1：单击 Power BI 窗口左侧的报表视图 图标，新建表页，将其改名为"切片器"。

步骤2：单击"可视化"对话框下的"切片器"图标，分别设置"年度""季度""月份"三个切片器图表属性。给三个切片器加上边框，生成的图表如图 2-7-32 所示。

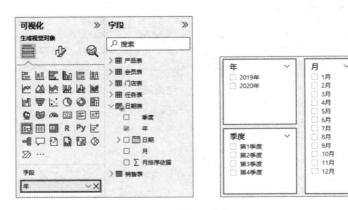

图 2-7-32　设置图表属性

任务 8　自定义可视化图表的实践任务

视频资源

📖 任务描述

一、任务目标

熟悉 Power BI 常见的自定义可视化元素，会添加自定义可视化对象，掌握自定义可视化对象的设置操作。在 Power BI Desktop 中打开"自定义可视化图表的案例数据 .pbix"文件，依次完成四个自定义可视化图形的设置操作。本案例在 pbix 文件中导入的表格数据包括四个维度表（产品表、日期表、门店表和会员表）和两个事实表（销售表、任务表）。

（1）产品表共包括"产品分类 ID""产品分类名称""产品 ID""产品名称"和"单价"5 个字段，7 条数据（记录）。

（2）日期表共包括"日期""年""月"和"季度"4 个字段，730 条数据。

（3）门店表共包括"店铺 ID""店铺名称"和"省份名称"3 个字段（说明：店铺名称简化为城市名，方便进行地图可视化），22 条数据。

（4）会员表包括"会员 ID""性别"2 个字段，3111 条数据。

（5）销售表共包括"订单号""订单日期""店铺 ID""产品 ID""会员 ID"和"数量"6 个字段，24812 条数据。

（6）任务表共包括"店铺名称""年度""任务"和"日期"4 个字段，33 条数据。

二、任务要求

在 Power BI Desktop 中打开"自定义可视化图表的案例数据 .pbix"文件，依次完成子弹图、马表、文字云和桑基图 4 个自定义可视化图形的设置操作。

附件： 自定义可视化图表的案例数据 .pbix

网址：fbda.chinaive.com

📖 任务实施

一、添加自定义可视化对象

（一）从本地添加自定义可视化对象（子弹图、马表、文字云、桑基图）

步骤 1：点击下载"子弹图 Bullet Chart""马表 Dial Gauge""文字云 Word Cloud""桑

基图 Sankey Chart"四个插件。

步骤 2：单击"可视化"对话框下的 ⋯ 图标，选择"从文件导入视觉对象"命令，如图 2-8-1 所示。

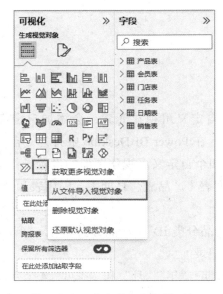

图 2-8-1　从文件导入视觉对象

步骤 3：选择"子弹图 Bullet Chart.pbiviz"，点击"打开"按钮，具体操作如图 2-8-2 所示。

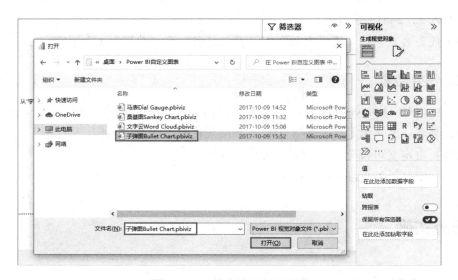

图 2-8-2　从文件导入子弹图

步骤 4：点击"确定"，即可成功导入子弹图 Bullet Chart，如图 2-8-3 所示。

图 2-8-3 成功导入子弹图 Bullet Chart

步骤 5：用同样的方法添加马表 Dial Gauge、文字云 Word Cloud 和桑基图 Sanky Chart，结果如图 2-8-4 所示。

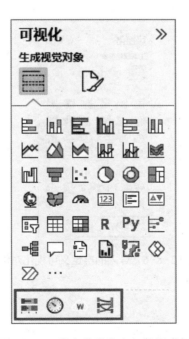

图 2-8-4 导入的自定义可视化对象

（二）从 AppSource 导入自定义可视化对象（子弹图、马表、文字云、桑基图）

步骤 1：单击"可视化"对话框下的 图标，选择"获取更多视觉对象"命令，选择"Power BI 认证"分类，再选择"Bullet Chart"，如图 2-8-5 所示。

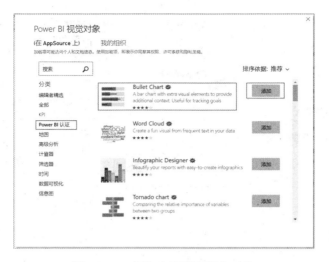

图 2-8-5　添加自定义可视化对象

步骤 2：单击"添加"按钮，即可成功导入子弹图 Bullet Chart。

用同样的方法，添加马表 Dial Gauge、文字云 Word Cloud 和桑基图 Sanky Chart，如图 2-8-6 所示。

图 2-8-6　导入的自定义可视化对象

二、马表 Dial Gauge

新建马表图（以马表图反映销售金额与任务额的接近程度）。

在此案例"任务表"下新建 2 个度量值：

销售任务额最大值 = ' 任务表 ' [销售任务额] * 1.5

销售任务额最低值 = ' 任务表 ' [销售任务额] * 0.9

将销售任务额最低值、目标值（销售任务额）、销售任务额最大值放入马表中，可标示出红黄绿三个区域。

0～销售任务额最低值（0～90%）：红色区域（销售任务完成度不好）；

销售任务额最低值～目标值（销售任务额）（90%～100%）：黄色区域（销售任务完成度正常）；

目标值（销售任务额）～销售金额最大值（100%～150%）：绿色区域（销售任务完成度很好）。

步骤1：在"任务表"中新建2个度量值，如图2-8-7所示。

销售任务额最大值=' 任务表 ' [销售任务额] * 1.5
销售任务额最低值=' 任务表 ' [销售任务额] * 0.9

在"销售表"新建1个度量值：

任务额完成度（两位小数）=FORMAT（[任务额完成度]，" #，####0.0000"）

图2-8-7　新建度量值

步骤2：单击 Power BI 窗口左侧的报表视图 图标，鼠标右键点击表页"第一页"，然后选择"重命名页"，将表页重命名为"马表"，如图2-8-8所示。

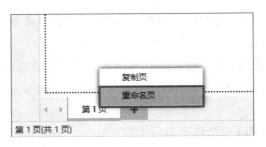

图 2-8-8　表页重命名

步骤 3：单击"可视化"对话框下的"马表"图标，按图设置图表属性，生成的图表如图 2-8-9 所示。

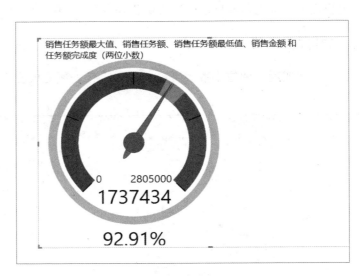

图 2-8-9　设置图表属性及马表图结果展示

三、子弹图 Bullet Chart

新建子弹图（以子弹图反映销售金额与任务额的接近程度），在子弹图中：

（1）0 ～ 25%：深红色区域，有待改善；

（2）25% ～ 70%：红色区域，一般；

（3）70% ～ 100%：黄色区域，较好；

（4）100% ～ 120%：绿色区域，很好。

步骤 1：单击 Power BI 窗口左侧的报表视图 📊 图标，新建"子弹图"表页。

步骤 2：单击"可视化"对话框下的"子弹图"图标，按图设置图表属性，按图设置图表数据值的格式。如图 2-8-10 所示。

图 2-8-10 设置图表属性及数据值格式

步骤 3：生成的图表如图 2-8-11 所示。

销售金额和销售任务额

图 2-8-11 生成的子弹图

四、文字云 Word Cloud

新建文字云（以文字云反映购买金额最大的会员 ID 号）。

步骤 1：单击 Power BI 窗口左侧的报表视图 图标，新建"文字云"表页。

步骤 2：单击"可视化"对话框下的"文字云"图标，按图设置图表属性。生成的图表如图 2-8-12 所示。从图中可以看出，购买金额最大的会员 ID 是 7663。

图 2-8-12 设置图表属性及文字云结果展示

五、桑基图 Sanky Chart

新建桑基图（以桑基图反映购不同店铺的不同产品分类的销售金额情况）。

步骤 1：单击 Power BI 窗口左侧的报表视图 📊 图标，新建"桑基图"表页。

步骤 2：单击"可视化"对话框下的"桑基图"图标，按图设置图表属性。生成的图表如图 2-8-13 所示。

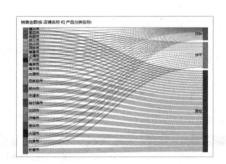

图 2-8-13　设置图表属性及桑基图结果展示

任务 9　图表美化的实践任务

📖 任务描述

视频资源

一、任务目标

熟悉图表的美化操作，结合具体案例完成图表美化操作，包括切换主题、设置图表格式等。本案例在 pbix 文件中导入的表格数据包括四个维度表（产品表、日期表、门店表和会员表）和两个事实表（销售表、任务表）。

（1）产品表共包括"产品分类 ID""产品分类名称""产品 ID""产品名称"和"单价"5 个字段，7 条数据（记录）。

（2）日期表共包括"日期""年""月"和"季度"4 个字段，730 条数据。

（3）门店表共包括"店铺 ID""店铺名称"和"省份名称"3 个字段（说明：店铺名称简化为城市名，方便进行地图可视化），22 条数据。

（4）会员表包括"会员 ID""性别"2 个字段，3111 条数据。

（5）销售表包括"订单号""订单日期""店铺ID""产品ID""会员ID"和"数量"共6个字段，24812条数据。

（6）任务表共包括"店铺名称""年度""任务"和"日期"4个字段，33条数据。

二、任务要求

在Power BI Desktop中打开"图表美化的案例数据.pbix"文件，完成切换主题、设置图表格式操作。

附件：图表美化的案例数据.pbix

网址：fbda.chinaive.com

📖 任务实施

一、切换主题

切换主题（由系统默认主题切换为"城市公园"）。

步骤1：单击Power BI窗口左侧的报表视图 📊 图标，默认主题下的图表显示如图2-9-1所示。

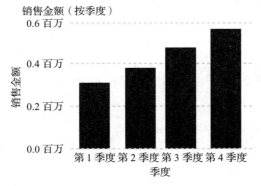
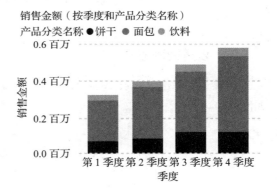
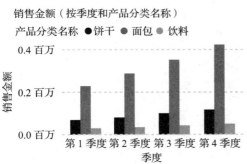
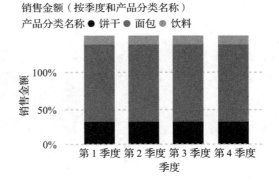

图2-9-1 默认主题下的图表显示

步骤2：选择"视图→城市公园"主题命令后，报表页的显示效果如图 2-9-2 所示。

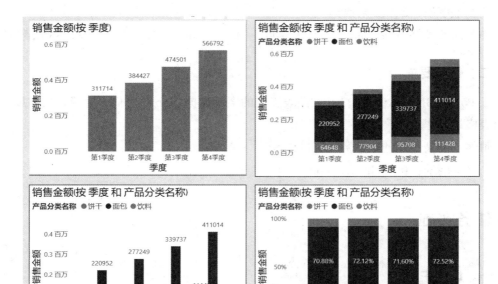

图 2-9-2 "视图→城市公园"主题命令的显示效果

二、设置图表格式

步骤1：单击 Power BI 窗口左侧的报表视图 📊 图标，选中可视化对象"柱状图"，如图 2-9-3 所示。

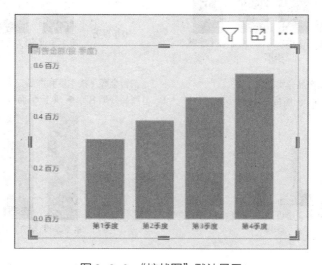

图 2-9-3 "柱状图"默认显示

步骤2：选中该图表对象，执行"可视化"对话框下的⚙命令后，在"视觉对象"下打开"数据标签"，"显示单位"设置为"无"，如图2-9-4所示。

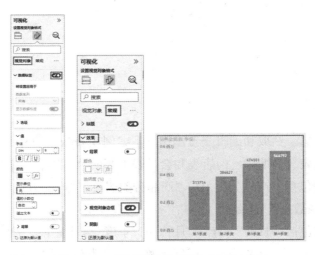

图2-9-4　"柱状图"设置格式后的显示

步骤3：用同样的方法，对堆积柱形图、簇状柱形图和百分比堆积柱形图进行格式设置，如图2-9-5所示。

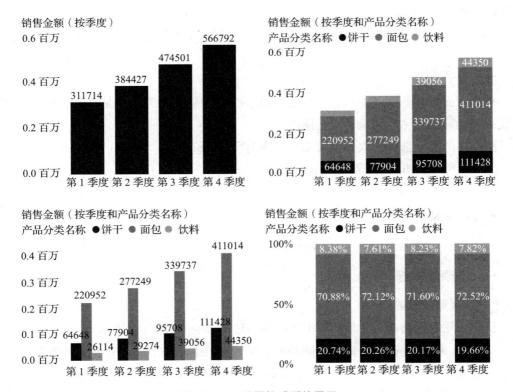

图2-9-5　设置格式后的显示

任务 10　图表筛选、钻取和编辑交互的实践任务

视频资源

📖 任务描述

一、任务目标

掌握图表的筛选、钻取和编辑交互操作。本案例在 pbix 文件中导入的表格数据包括四个维度表（产品表、日期表、门店表和会员表）和两个事实表（销售表、任务表）

（1）产品表共包括"产品分类 ID""产品分类名称""产品 ID""产品名称"和"单价"5 个字段，7 条数据（记录）。

（2）日期表共包括"日期""年""月"和"季度"4 个字段，730 条数据。

（3）门店表共包括"店铺 ID""店铺名称"和"省份名称"3 个字段（说明：店铺名称简化为城市名，方便进行地图可视化），22 条数据。

（4）会员表包括"会员 ID""性别"2 个字段，3111 条数据。

（5）销售表共包括"订单号""订单日期""店铺 ID""产品 ID""会员 ID"和"数量"6 个字段，24812 条数据。

（6）任务表共包括"店铺名称""年度""任务"和"日期"4 个字段，33 条数据。

二、任务要求

在 Power BI Desktop 中打开"图表筛选、钻取和编辑交互的案例数据 .pbix"文件，完成图表的筛选、钻取和编辑交互操作。

　　附件： 图表筛选、钻取和编辑交互的案例数据 .pbix

　　　　　　网址：fbda.chinaive.com

📖 任务实施

一、图表的筛选

（一）视觉级筛选器

新建视觉级筛选器（对条形图中数据的筛选不影响本表页折线图中的数据显示）。

步骤 1：单击 Power BI 窗口左侧的报表视图 📊 图标，选择"条形图和折线图（一）"表页。如图 2-10-1 所示，条形图和折线图均显示三个产品分类数据。

步骤 2：选中"条形图"，在"筛选器"下的"此视觉对象上的筛选器"中，点击展开

"产品分类名称"，除了"面包"分类不勾选，其他产品分类全部勾选。如图 2-10-2 所示。

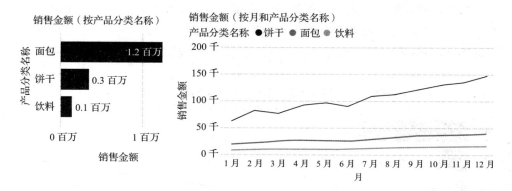

图 2-10-1 条形图和折线图原显示

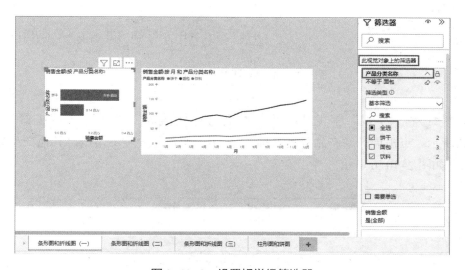

图 2-10-2 设置视觉级筛选器

步骤 3：筛选后的报表页显示效果如图 2-10-3 所示。可以看到，条形图中已经没有"面包"数据，而折线图中还有。

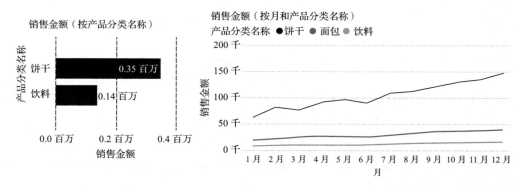

图 2-10-3 筛选后的报表页显示效果

（二）页面级筛选器

新建页面级筛选器（对条形图中数据的筛选将影响本表页折线图中的数据显示）。

步骤 1：单击 Power BI 窗口左侧的报表视图 📊 图标，选择"条形图和折线图（二）"表页。如图 2-10-4 所示，条形图和折线图均显示三种产品分类数据。

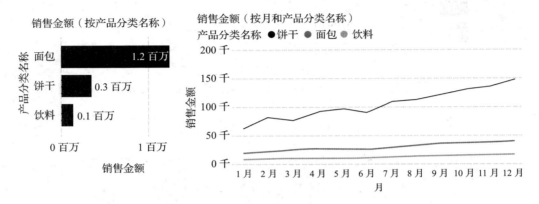

图 2-10-4 条形图和折线图原显示

步骤 2：将"字段"中的"产品分类名称"拖拽到"此页上的筛选器"，如图 2-10-5 所示。点击展开"产品分类名称"，除了"面包"分类不勾选，其他产品分类全部勾选，如图 2-10-6 所示。

图 2-10-5 拖拽"产品分类名称"

步骤 3：筛选后的报表页显示效果如图 2-10-7 所示。可以看到，条形图和折线图中均已经没有"面包"数据。

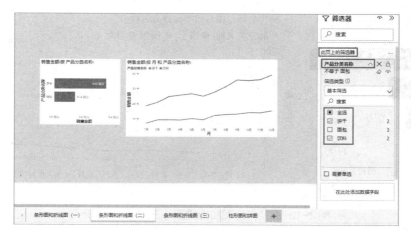

图 2-10-6　设置页面级筛选器

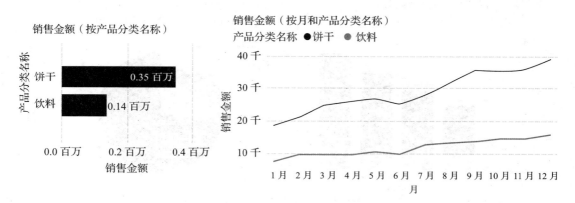

图 2-10-7　筛选后的报表页显示效果

（三）报告级筛选器

新建报告级筛选器（对条形图中数据的筛选将影响所有表页可视化对象中的数据显示）。

步骤 1：单击 Power BI 窗口左侧的报表视图 📊 图标，选择"条形图和折线图（三）"，表页显示如图 2-10-8 所示；"柱形图和饼图"表页显示如图 2-10-9 所示。从图中可以看出，这两个表页均显示三种产品分类数据。

步骤 2：将"字段"中的"产品分类名称"拖拽到"所有页面上的筛选器"中，如图 2-10-10 所示。点击展开"产品分类名称"，除了"面包"分类不勾选，其他产品分类全部勾选。如图 2-10-11 所示。

步骤 3：筛选后的"条形图和折线图（三）"报表页显示效果如图 2-10-12 所示。

筛选后的"柱形图和饼图"报表页显示效果如图 2-10-13 所示。从图中可以看出，所有报表页的可视化对象均已经没有"面包"数据。

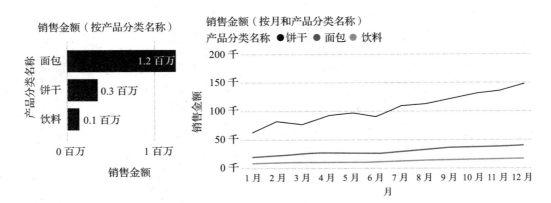

图 2-10-8 "条形图和折线图（三）"表页显示

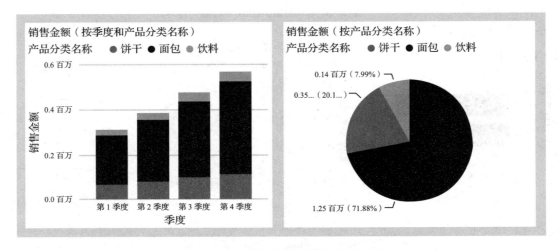

图 2-10-9 "柱形图和饼图"表页显示

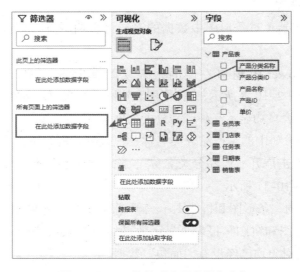

图 2-10-10 拖拽"产品分类名称"

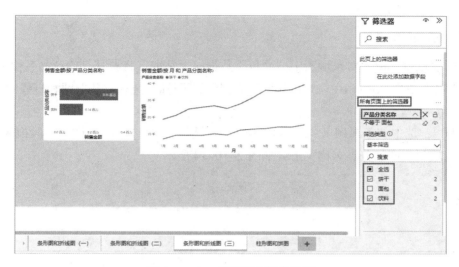

图 2-10-11　设置报告级筛选器

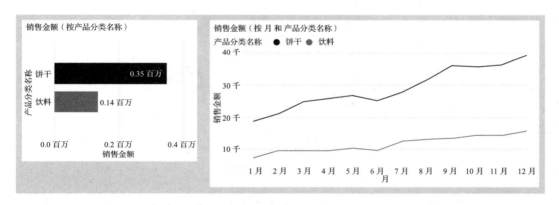

图 2-10-12　筛选后的"条形图和折线图（三）"报表页显示效果

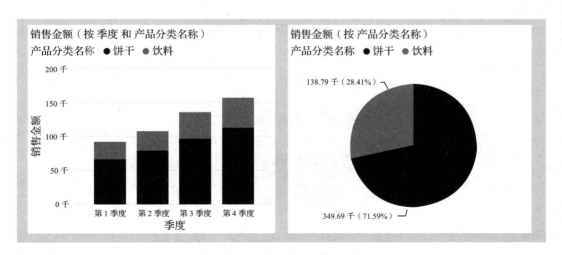

图 2-10-13　筛选后的"柱形图和饼图"报表页显示效果

二、图表的钻取

对图表进行钻取（对条形图中"面包"数据向下钻取，查看其具体产品名称数据）。

步骤1：单击Power BI窗口左侧的报表视图 📊 图标，选择"条形图和折线图（一）"表页。

步骤2：选中"条形图"，在"可视化"对话框下，将"产品名称"字段拖放到"Y轴"中，放到"产品分类名称"下，如图2-10-14所示。

图2-10-14　设置属性

步骤3：单击条形图上方的 ↓ 图标，再单击条形图中的"饼干"数据，如图2-10-15所示。

此时无法编辑交互，而是展示"饼干"下级的产品数据信息，如图2-10-16所示。

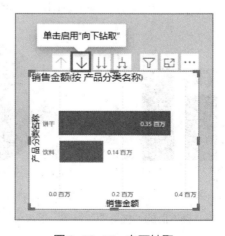

图2-10-15　向下钻取

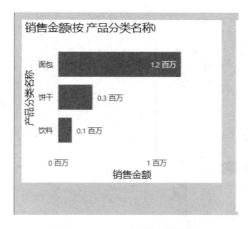

图 2-10-16　向下钻取效果

三、图表的编辑交互

取消图表的编辑交互（将条形图中"饼干"数据突出显示，而折线图中的数据显示不受影响）。

步骤 1：单击 Power BI 窗口左侧的报表视图 📊 图标，选择"条形图和折线图（二）"表页。

步骤 2：选中条形图中的"饼干"数据，可以看到条形图中"饼干"数据突出显示，而折线图中只显示"饼干"数据，如图 2-10-17 所示。

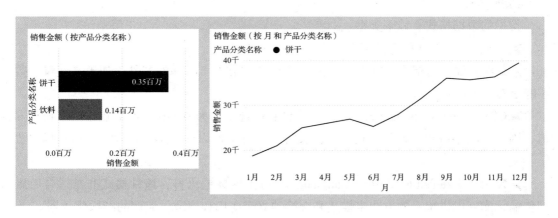

图 2-10-17　编辑交互——控制

步骤 3：选中条形图，执行"格式→编辑交互"命令，单击折线图右上角的 ⊘ 图标，则折线图不受编辑交互功能控制，如图 2-10-18 所示。单击折线图右上角的 📊 图标，可恢复编辑交互功能。

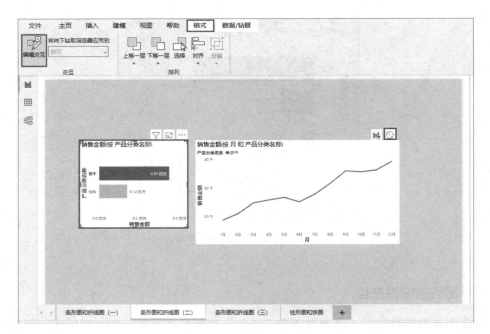

图 2-10-18　编辑交互——非控制

📖知识拓展

拓展一

常见的数据格式有以下类型。

➤ Excel 文件：该种文件格式最为常见。

➤文本文件：是指以 ASCII 码方式（也称文本方式）存储的文件，如英文字母、数字等字符。

➤ CSV（Comma Separated Values）文件：用逗号作为分隔符（有时也称为字符分隔值，因为分隔字符也可以不是逗号）的文件，该种文件以纯文本形式存储表格数据（数字和文本）。

➤ XML（Extensible Markup Language）：可扩展标记语言，该种格式非常适合万维网传输，能够提供统一的方法来描述和交换独立于应用程序或供应商的结构化数据。

➤ JSON（JavaScript Object Notation）：JS 对象简谱，是一种轻量级的数据交换格式。它是基于 ECMAScript（欧洲计算机协会制定的 JS 规范）的一个子集，采用完全独立于编程语言的文本格式来存储和表示数据。

➤ PDF（Portable Document Format）：可移植文档格式，是一种用独立于应用程序、操作系统、硬件的方式呈现文档的文件格式。

拓展二

认识维度表和事实表。

区别项	维度表	事实表
特征	通常存放各种分类信息，数据较少	又叫数据表，有较多数值型字段，行数较多
举例	日期、地域、客户、产品等	销售数据、存货数据、预算数据等
用途	生成分析表的行或列，生成筛选器和切片器	数值型字段可生成各种分析指标，即度量值
关系视图	"1"的一端	"*"的一端，箭头指向的一端

拓展三

认识关系。

➤一对多（1：*）：一对多是指一张表（通常是维度表）中的列具有一个值的一个实例，而与其关联的另一张表（通常是事实表）的列具有一个值的多个实例。比如，门店表中的门店 ID 具有唯一值，而销售表中对于相同的门店 ID 具有多个值。门店表通过门店 ID 和销售表建立关系，即一对多（1：*）的关系。

➤多对一（*：1）：与一对多正好相反，指的是一张表（通常为事实表）中的列可具有一个值的多个实例，而与之相关的另一张表（通常为维度表）仅具有一个值的一个实例。比如，销售表通过门店 ID 和门店表建立关系，即多对一（*：1）的关系。

➤一对一（1：1）：指一张表（事实表）与另一张表（维度表）的记录有一一对应的关系。比如，产品表中的产品 ID 对应产品分类表中的产品 ID，即一对一（1：1）的关系。

拓展四

认识度量值和 DAX 公式。

度量值是 Power BI 数据建模的灵魂，是用 DAX 公式创建一个虚拟字段的数据值，通常理解为要分析的数据指标。它不改变源数据，也不改变数据模型。可以随着不同维度的选择而变化，一般在报表交互时使用，以便进行快速和动态的数据浏览。可以在"报表视图"或"数据视图"中创建和使用度量值，创建的度量值将显示在带有计算器图标的字段列表中。

DAX 是 Data Analysis Expressions 的缩写，可翻译为"数据分析表达式"。DAX 是公式或表达式中可用于计算并返回一个或多个值的函数、运算符或常量的集合。微软在开发 DAX 的时候，参考了 Excel 中的很多函数，它们名称相同，参数用法也类似。本教材只介绍 DAX 初级用法，若想构建非常复杂的 DAX 公式，可参考《DAX 权威指南》和 PowerBI 极客网站：https：//www.powerbigeek.com/。

【举例】

销售金额 = SUM（'销售表'［金额］）

含义：对销售表的金额字段求和，并生成"销售金额"度量值。

销售金额：度量值名称。

＝：公式的开头。完成计算后将会返回结果。

SUM：DAX 函数名。对销售表金额列中的所有数据求和。

（ ）：括住包含一个或多个参数的表达式。所有函数都至少需要一个参数，一个参数会传递一个值给函数。

' '：用来引用表名。

[ ]：用来引用列名或度量值名。

销售表：引用的表名。

金额：引用的字段列。

项目三　财务大数据分析数据仓库

📖 项目目标

◆ 知识目标 ◆

1. 掌握在 Power Query 中创建参数的意义；
2. 掌握在 Power Query 中创建函数的流程；
3. 掌握创建空白查询的流程；
4. 掌握 Power BI 从网站批量获取数据的流程；
5. 了解 DAX-Studio 的下载方式与使用方法。

◆ 技能目标 ◆

1. 能够在 Power Query 中创建相关参数（页码参数、地域股票信息代码参数、概念股票信息代码参数、行业股代码参数、报表名称参数、报表年度参数）；
2. 能够在 Power Query 中创建并调用自定义函数；
3. 能够创建并使用空白查询；
4. 能够使用 Power BI 从网站批量获取数据；
5. 能够使用 DAX-Studio 建立数据仓库；
6. 能够完成关系模型的建立。

◆ 素质目标 ◆

1. 培养学生按照国家相关法律法规合理合法地进行数据收集的意识，确保内外部数据和信息取得程序的合法性、安全性和可信任性；
2. 通过项目实践，培养学生的创新思维和实践能力，使其能够在面对复杂问题时勇于探索和创新。

📖 思维导图

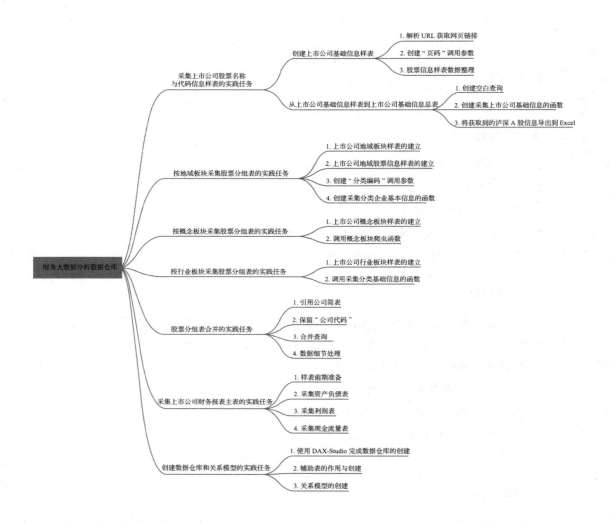

📖 思政专栏

习近平总书记在党的二十大报告中强调："加快发展数字经济，促进数字经济和实体经济深度融合，打造具有国际竞争力的数字产业集群。"[①] 推动企业数字化转型是加快建设以数字经济为核心、实体经济为支撑、科技创新为引领的现代化产业体系的重要环节。部分企业尚未建设能够规划整合内部数据资源的新型数据中心，导致在数字化转型

---

① 习近平. 高举中国特色社会主义伟大旗帜　为全面建设社会主义现代化国家而团结奋斗——在中国共产党第二十次全国代表大会上的报告 [EB/OL]. （2022-10-25）[2024-10-25]. https://www.gov.cn/xinwen/2022/10/25/content_5721685.htm.

过程中依旧存在数据信息孤岛问题。因此，企业和员工应注重数字化能力提升，重点培养赋能业务的数据分析能力、新技术的应用实施能力。通过数字技术赋能，实现"数字技术+"，为业务、流程、人员赋能，统筹推进业财数据融通，加快数据资源共享，提升数据的管理和运用能力，实现加强业财协同、提升业务运行效率的目标。同时，优化管理模式、运营模式、服务模式，挖掘数据价值，形成数据洞察，以数据自动流转带动资金流、人才流、资产流的合理配置，实现智能决策，动态响应内外环境变化，提高资源优化能力。

📖 情境导入

经过一段时间的经营，公司规模不断发展壮大，但随着市场竞争的不断加剧，公司面临的挑战也越来越大。因此，融智公司的财务经理希望数据分析中心能够建立财务大数据分析数据仓库，以便后续对同类型企业以及产业链上下游企业进行指标分析，开展纵、横向的对比，支持企业运营决策。

建立数据仓库的工具是多样的，Power BI 是其中一种比较便捷的、相对更适用于非计算机专业人员的大数据工具。在 Power Query 中能够创建参数及函数，并在此基础上创建空白查询，进而从网站上批量获取财务数据，建立数据仓库。

任务1　采集上市公司股票名称与代码信息样表的实践任务

📖 任务描述

视频资源

一、任务总目标

在融智财经大数据仿真平台查询沪深 A 股的所有上市企业的股票代码、公司名称及其他基本信息，通过 Power BI 获取网页网址中的 URL，选择目标数据表格的 URL，并复制 URL，建立与网站的连接，获取股票信息样表，在 Power Query 界面创建相应参数和函数，完成沪深 A 股所有企业股票信息的批量获取。

二、任务子目标

（1）创建上市公司基础信息样表。
（2）创建上市公司基础信息总表。

三、任务要求

利用 Power BI 从指定的财经网站获取某一板块的全部股票信息。为方便教学，本任务提供融智财经大数据仿真平台，网址为 http：//fz.chinaive.com/febd/?username=rzgc-pbi。

附件：公司简表 .xlsx

网址：fbda.chinaive.com

四、本任务的基本逻辑

第一步：观察网址信息，根据网址结构建立上市公司基础信息样表。

第二步：建立页码参数替代查询（上市公司基础信息样表）中的"页码 1"，使 Power BI 能够灵活采集所有页码数据。

第三步：根据样板（上市公司基础信息样表）创建函数。

第四步：建立空白查询，调用创建好的函数采集数据。

📖 任务实施

一、子任务 1：创建上市公司基础信息样表

本节以融智财经大数据仿真平台沪深 A 股近十年来各个行业上市公司股票代码与公司名称为可视化财务报表系统的股票总表源头。通过网页开发者模式获取所需数据，进而获取股票代码总表。该步骤的主要作用是通过对股票信息数据的收集为后期的数据获取与数据清洗做准备。

通过解析 URL 找到网页规律，发现其中"page ="后面的内容随着点击发生变化，而其他不变，这就为后续书写参数提供了较大便利。

通过输入网址 http：//fz.chinaive.com/febd/?username=rzgc-pbi 进入对应界面，根据步骤获取相应数据。

注意：URL 等号后面的内容根据学生专属账号进行替换即可。

（一）解析 URL 获取网页链接

步骤 1：复制上方网址，进入融智财经大数据仿真平台首页—行情中心，如图 3-1-1 所示。

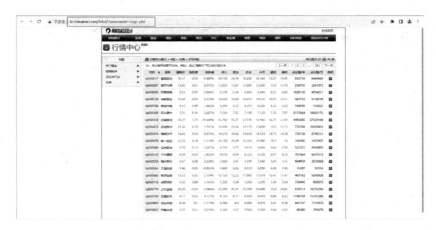

图 3-1-1 融智财经大数据仿真平台首页—行情中心

步骤 2：执行"分类→沪深 A 股"，确认行情看板已筛选至沪深 A 股页面，如图 3-1-2 所示。

步骤 3：在当前页面空白处单击右键，选择"检查"按钮，如图 3-1-3 所示，或在当前页面通过键盘"F12"按键调出开发者模式，以此获取页面基础 URL。

注意：该步骤打开当前页面的代码信息是为了通过点击页面内容找到请求的目标 URL 网址信息，进而放入 Power BI 进行数据请求与加载。

URL 是网页中的一个核心概念。它是浏览器用来检索网页上公布的任何资源的机制，可以简单理解为一串网址、字符串所承载的一个网络页面，这个页面中可以有表、图、文本数据等内容。

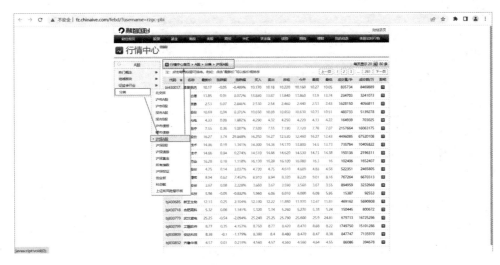

图 3-1-2 沪深 A 股页面

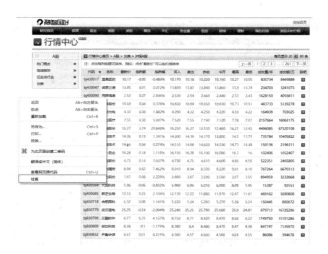

图 3-1-3　调出开发者模式

步骤 4：进入开发者模式后，在当前页面启用光标按钮（图中第 1 步），当光标落在将要获取的数据区域上时左键单击目标区域（图中第 2 步），点击"网络"监控模块，选择"Fetch/XHR"子选项卡后，选择如下文件进入请求"标头"数据部分，单击右键复制值。（选择网址时需先观察网页结构）。具体操作如图 3-1-4 所示。

注意：URL 中的"&_=1691396413035"为每次登录平台的时间状态代码，与获取数据无关，所以无须复制这段内容。

图 3-1-4　获取页面基础 URL

步骤 5：在桌面打开 Power BI Desktop，执行"主页→数据获取→Web"。具体操作如图 3-1-5 所示。

图 3-1-5　在 Power BI 中获取数据

步骤 6：将上述从网页网址中复制的 URL 地址粘贴进输入框中，点击"确定"，如图 3-1-6 所示。

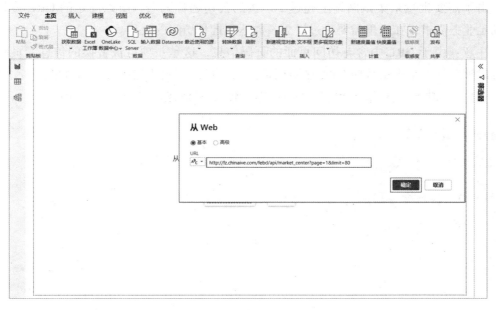

图 3-1-6　输入 URL 地址

步骤 7：系统会直接进入 Power Query 界面。由于该软件内置函数会默认将导入的数据更改格式，所以需要手动删除系统对数据做出的默认更改，将数据恢复为原始格式。在属性栏删除系统默认添加的更改数据类型，如图 3-1-7 所示。

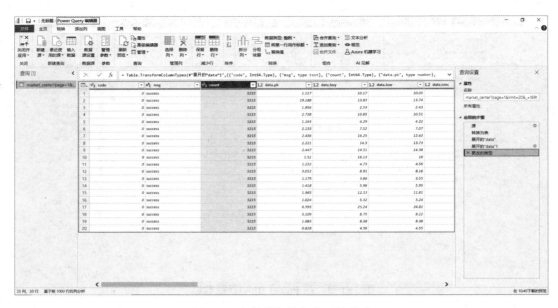

图 3-1-7　将数据恢复为原始格式

（二）创建"页码"调用参数

由于需要批量采集该网站上超过 261 页的公司名称列表，所以固定的 URL 参数无法满足业务需求，在这里需要通过设立参数达到批量访问的效果。

注意：由于 URL 中含有访问页面的页码信息，这是一项可被替换的信息，页码参数可以理解为一个批量替换 URL 中页码信息的变量，以此达到批量访问效果。

步骤 1：执行"主页→管理参数→新建参数"，具体操作如图 3-1-8 所示。

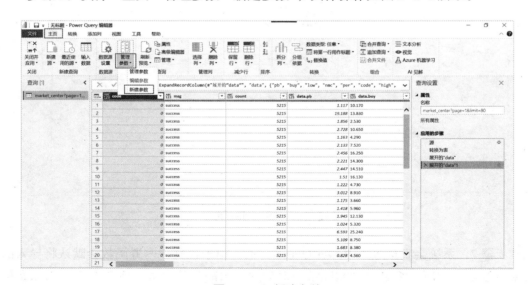

图 3-1-8　新建参数

步骤 2：在"管理参数"窗口中输入参数名称为"页码"，类型为"文本"，当前值为"1"（从第 1 页开始访问并获取），点击"确定"创建完成。具体操作如图 3-1-9 所示。

图 3-1-9 管理参数设置

步骤 3：参数创建好之后将该参数添加进网页网址，将"page=1"中的"1"替换为"& 页码 &"，具体操作步骤如图 3-1-10 、图 3-1-11 所示；自此沪深 A 股信息样表"源"数据接口设定完成，后续数据更新只需清理 Power BI 缓存后刷新即可。

注意：http：//fz.chinaive.com/febd/api/market_center?page=& 页码 &"limit=80"是一个完整的网址，该网址的"http：//fz.chinaive.com/febd/api/market_center?page="和"limit=80"部分表示引号下的文本是固定不变的，而"& 页码 &"表示页码是变动的。

图 3-1-10 查找"源"数据

图 3-1-11　将 "1" 替换为 "& 页码 &"

步骤 4：沪深 A 股信息样表 "源" 数据接口设定完成，点击 "连接数据接口" 后刷新出数据层 "List"，后续数据更新只需清理 Power BI 缓存后刷新即可，如图 3-1-12 所示。

注意："List" 为 Power BI 存储列表型数据（一系列同类型数据）的表现形态。通常，"List" 当中都包含诸多从数据源采集到的具体数据，需要展开或提取，以供后续使用。

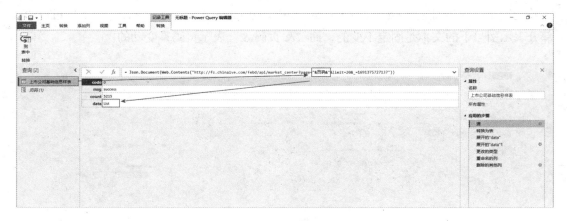

图 3-1-12　展开数据层 "List"

步骤 5："List" 数据层展开后，表内数据呈现为 "Record"，点击左上角 "到表"，再选择 "截断多余列"，具体操作步骤如图 3-1-13、图 3-1-14 所示。

注意："到表" 即将列表换成表格。

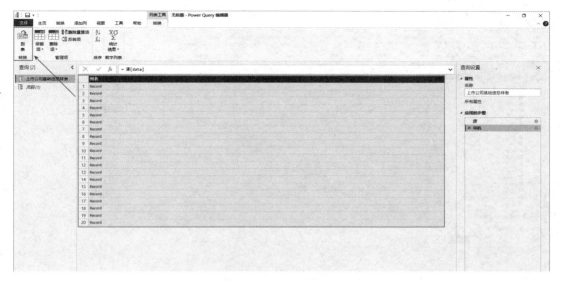

图 3-1-13　点击"到表"

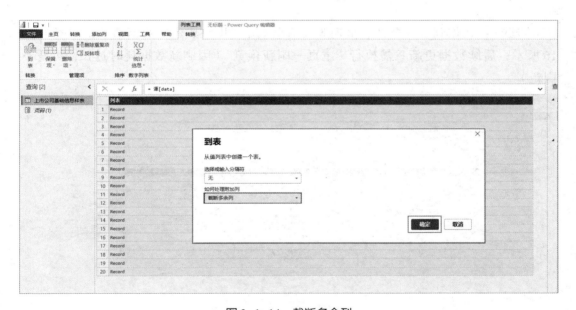

图 3-1-14　截断多余列

步骤 6：展开已成功转换为表的数据，操作如图 3-1-15 所示。

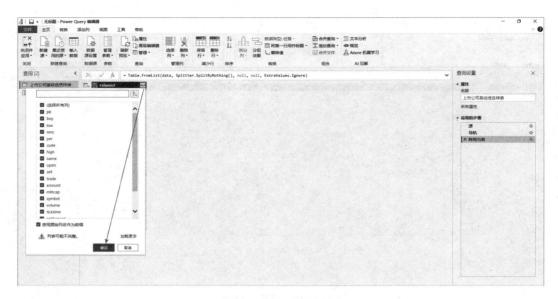

图 3-1-15　展开数据

步骤 7：数据到表并展开后呈现股票信息数据，即完成本次数据请求，如图 3-1-16 所示；后续数据更新只需执行"主页→刷新预览"（因刷新数据耗时过长，可暂不刷新）。

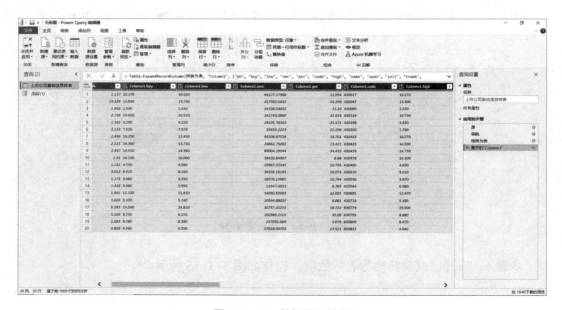

图 3-1-16　数据展开结果

（三）股票信息样表数据整理

步骤 1：上述链接 URL 导入的数据表仅为沪深 A 股第一页的股票信息，想要批量获取所有页数的沪深 A 股信息，需要以第一页为模板数据；双击（或右键单击）重命名表格名称"上市公司基础信息样表"，并将"data.name""data.symbol"列命名为"公司名称"和"公司代码"。如图 3-1-17、图 3-1-18 所示。

图 3-1-17 表格重命名

图 3-1-18 列重命名

步骤 2：按住 Ctrl 键，选中"公司名称"和"公司代码"两列，右键执行"删除其他列"，如图 3-1-19 所示。

注意：该表仅作为企业名称及代码的样表，其他信息对后续采集及分析无用，因此删除。

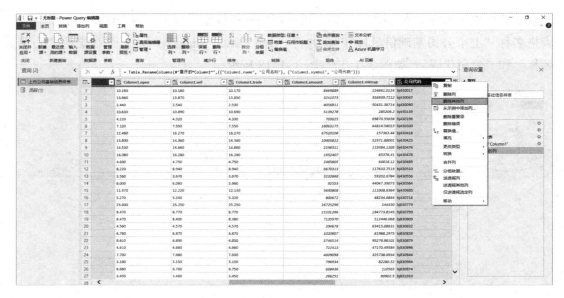

图 3-1-19　删除其他列

步骤 3：修改"公司名称"和"公司代码"两列的数据类型为"文本"，如图 3-1-20 所示。

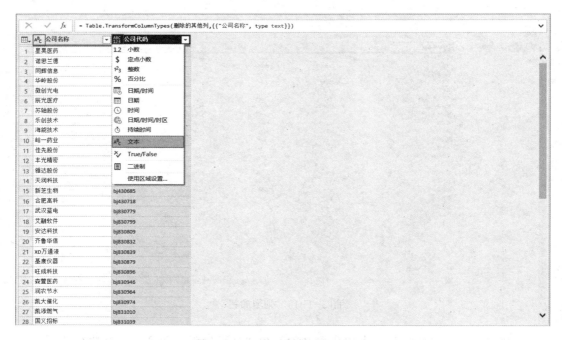

图 3-1-20　修改数据类型为文本

二、子任务 2：创建上市公司基础信息总表

（一）创建空白查询

股票样表是创建股票总表的基础。通过观察网址可以知道，该网站每一页都对应数十家公司，为了顺利采集该网站沪深 A 股所有公司的数据，需要为这些公司创建与网站类似的列表，通过这些列表保存对应公司的数据。下面开始"上市公司基础信息总表"的创建。

步骤 1：在 Power Query 中执行"主页→新建源→空查询"，如图 3-1-21 所示。

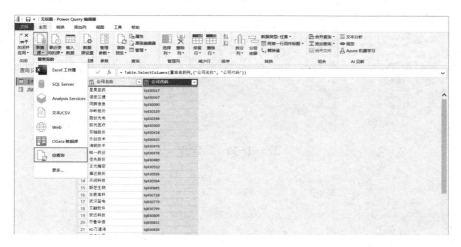

图 3-1-21　执行空查询

步骤 2：在空白查询中写入 = {0..70}，如图 3-1-22 所示。

注意：沪深 A 股数据的总页数随着时间的推移逐渐增加，因此创建过程中可按照实际情况酌情调整空白查询中的数值。此操作的目的是创建一个 1 ～ 70 的一维列表，主要作用与网站页码类似。

图 3-1-22　设置查询

步骤3：依次进行"到表→数据格式转换"操作，如图3-1-23、图3-1-24所示。

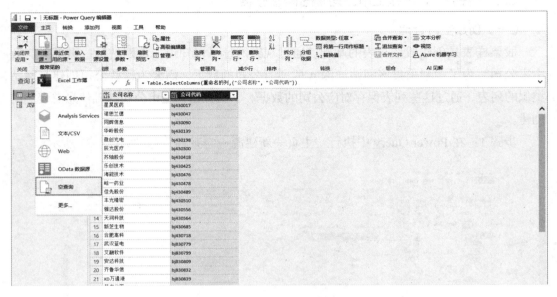

图3-1-23 新建源

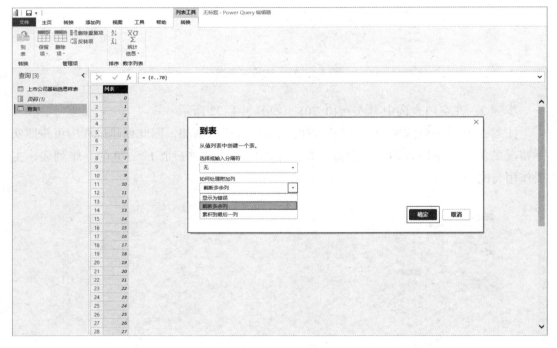

图3-1-24 到表

步骤4：将数据类型修改为"文本"（在网页中，大部分内容以文本形式存在，所以创建的页码参数及查询内容也是以文本为主要数据类型），如图3-1-25所示。

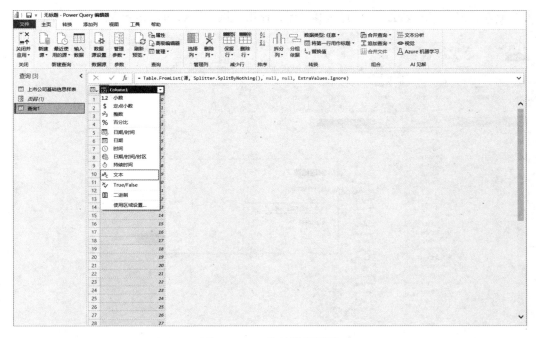

图 3-1-25　修改数据类型

（二）创建采集上市公司基础信息的函数

步骤 1：右键单击"上市公司基础信息样表"，创建函数，如图 3-1-26 所示。

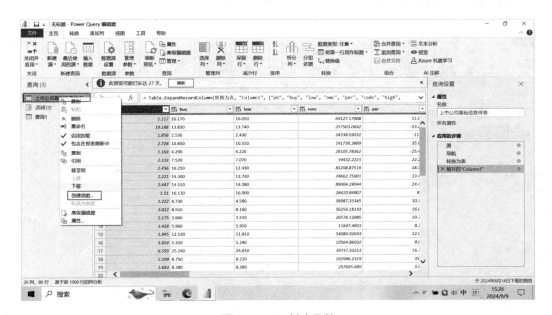

图 3-1-26　创建函数

步骤 2：可以看到，在创建函数时，软件已经自动引用了预先设置好的参数"页码"；

输入函数名称为"采集上市公司基础信息"，点击"确定"按钮，如图 3-1-27 所示。

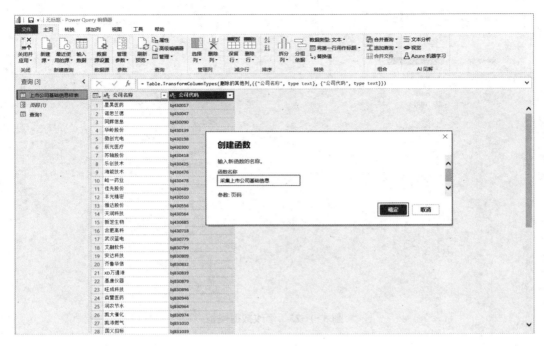

图 3-1-27　输入函数名称

步骤 3：创建好的采集函数如图 3-1-28 所示。

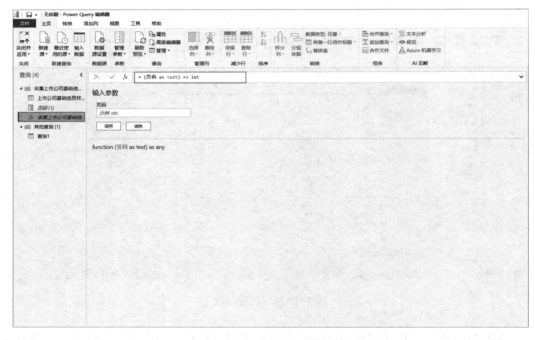

图 3-1-28　创建好的采集函数

　　步骤 4：采集函数创建好之后，单击"查询 1"，执行"添加列→调用自定义函数"，如图 3-1-29 所示。

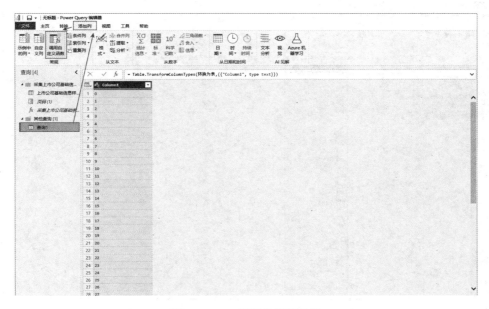

图 3-1-29　调用自定义函数

　　步骤 5：在"调用自定义函数"窗口，直接选中功能查询下的采集函数，新列名就会自动生成，"页码"选择"Column 1"（按照创建的页数来获取），具体操作如图 3-1-30 所示。点击"确定"按钮，系统开始获取对应的 URL 中的目标信息。

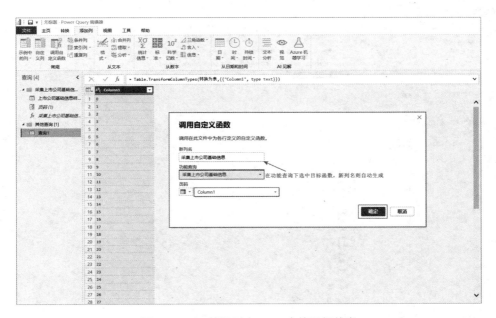

图 3-1-30　获取对应 URL 中的目标信息

步骤6：显示获取到的数据只增加了一列，内容为"Table"，如图3-1-31所示。

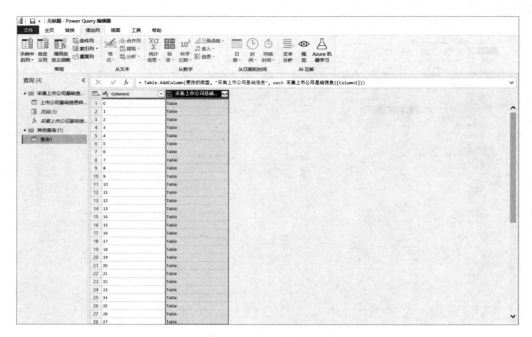

图3-1-31　获取结果

步骤7：点击获取到的目标列标题右侧的"展开"按钮，点击"确定"按钮，如图3-1-32所示。

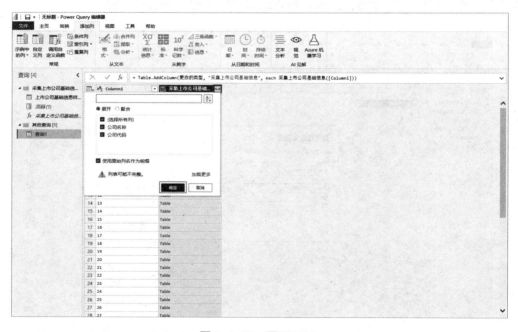

图3-1-32　展开Table

步骤 8：展开后的数据如图 3-1-33 所示，至此已成功采集到沪深 A 股的所有上市公司股票信息，也可以随机选中某一页的某一条到网站中对应，以此来验证获取的数据是否准确、完整。

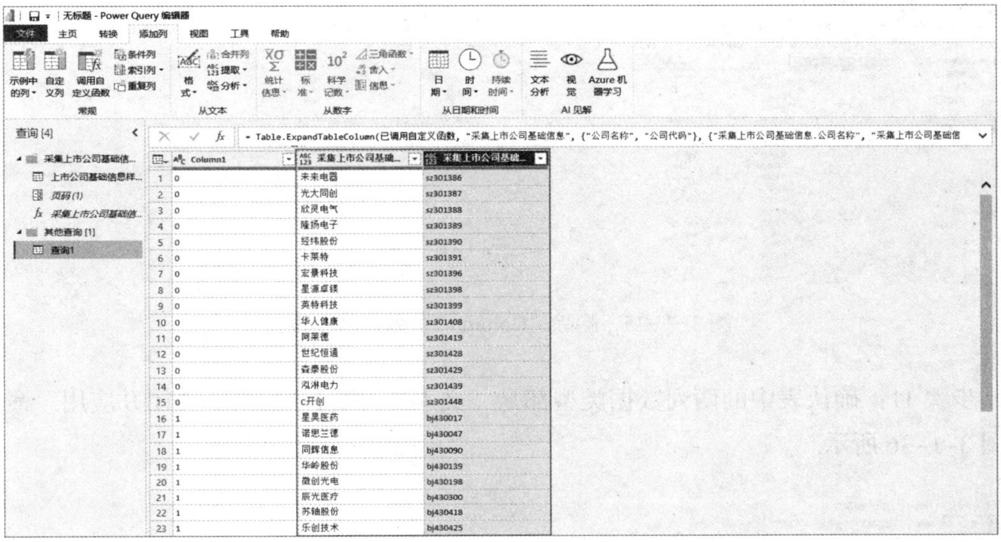

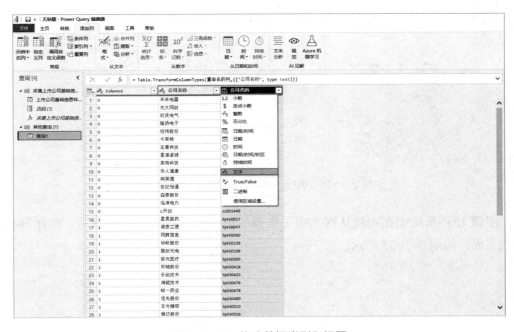

图 3-1-33 展开结果

步骤 9：同理，修改获取到的两列数据类型为"文本"，标题修改为"公司名称"和"公司代码"，如图 3-1-34 所示。

图 3-1-34 修改数据类型和标题

步骤 10：双击修改"查询 1"名称为"上市公司基础信息总表"，右键点击"Column 1"列，将本列删除并修改表名，如图 3-1-35 所示。

图 3-1-35　删除"Column 1"列，修改表名

步骤 11：确认表中的两列数据类型都是"文本"，执行"主页→关闭并应用"命令，如图 3-1-36 所示。

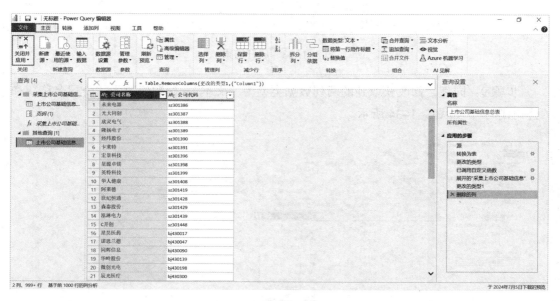

图 3-1-36　执行"主页→关闭并应用"命令

步骤 12：系统正在加载从网站中采集到的沪深 A 股的全部信息数据，稍作等待即加载完成，如图 3-1-37 所示。

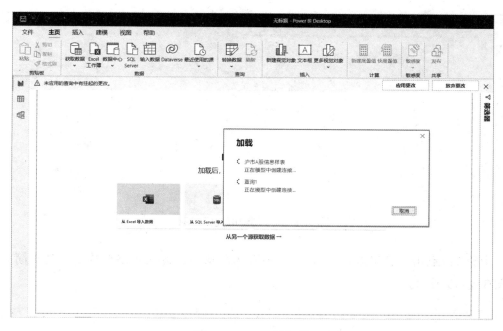

图 3-1-37 数据加载

（三）将获取到的沪深 A 股信息导出到 Excel

步骤 1：切换至数据视图，右键点击"上市公司基础信息总表"，选择"复制表"，点击"保存"按钮，将文件另存并修改文件名称为"采集股票信息"，点击"保存"，如图 3-1-38 所示。

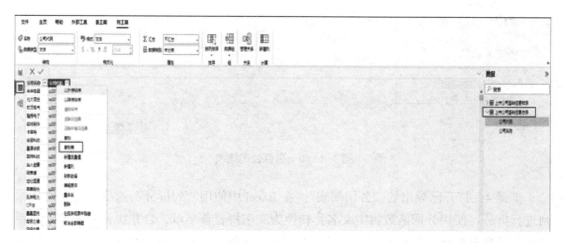

图 3-1-38 复制表

步骤 2：在 Power BI Desktop 界面，从"可视化"对话框的视觉对象中创建"表"，并选中"上市公司基础信息总表"中的所有字段，最后点击"表"的标头图标，选择"导出数据"，具体操作如图 3-1-39 所示。

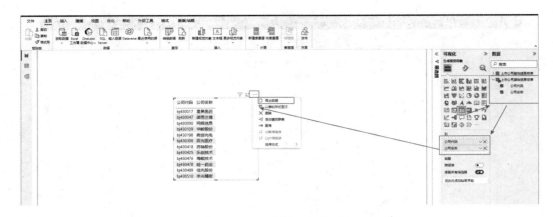

图 3-1-39　创建可视化对象

步骤 3：点击"导出数据"，进入"另存为"窗口，输入表格名称为"公司简表"，如图 3-1-40 所示。

图 3-1-40　另存公司简表

步骤 4：打开已导出的"公司简表"。在 Excel 中使用"列拆分"选项，将公司名称列进行拆分，使用分词函数将中文名称转换为文字拼音首字母，合并拼音首字母，最后将拆分好的数据导入 Power BI 并清洗。获取公司名称首字母的方法有多种，这里不作详细阐述。整理好的"代码＼名称＼拼音"字段如图 3-1-41 所示。

步骤 5：将"公司代码（数字）"列改为"股票代码"，将除了"公司代码""股票代码"以及"代码＼名称＼拼音"列之外的列删除，并只保留公司简表的一个 Sheet 页，最终结果如图 3-1-42 所示。

公司名称首字母	公司名称	公司代码	交易所大写	交易所小写	公司代码（数字）	代码\名称\拼音
XHYY	星昊医药	bj430017	BJ	bj	430017	430017_BJ 星昊医药 XHYY
NSLD	诺思兰德	bj430047	BJ	bj	430047	430047_BJ 诺思兰德 NSLD
THXX	同辉信息	bj430090	BJ	bj	430090	430090_BJ 同辉信息 THXX
HLGF	华岭股份	bj430139	BJ	bj	430139	430139_BJ 华岭股份 HLGF
WCGD	微创光电	bj430198	BJ	bj	430198	430198_BJ 微创光电 WCGD
CGYL	辰光医疗	bj430300	BJ	bj	430300	430300_BJ 辰光医疗 CGYL
SZGF	苏轴股份	bj430418	BJ	bj	430418	430418_BJ 苏轴股份 SZGF
LCJS	乐创技术	bj430425	BJ	bj	430425	430425_BJ 乐创技术 LCJS
HNJS	海能技术	bj430476	BJ	bj	430476	430476_BJ 海能技术 HNJS
HYYY	峆一药业	bj430478	BJ	bj	430478	430478_BJ 峆一药业 HYYY
JXGF	佳先股份	bj430489	BJ	bj	430489	430489_BJ 佳先股份 JXGF
FGJM	丰光精密	bj430510	BJ	bj	430510	430510_BJ 丰光精密 FGJM
YDGF	雅达股份	bj430556	BJ	bj	430556	430556_BJ 雅达股份 YDGF
TRKJ	天润科技	bj430564	BJ	bj	430564	430564_BJ 天润科技 TRKJ
XZSW	新芝生物	bj430685	BJ	bj	430685	430685_BJ 新芝生物 XZSW
HFGK	合肥高科	bj430718	BJ	bj	430718	430718_BJ 合肥高科 HFGK
WHLD	武汉蓝电	bj830779	BJ	bj	830779	830779_BJ 武汉蓝电 WHLD
ARRJ	艾融软件	bj830799	BJ	bj	830799	830799_BJ 艾融软件 ARRJ
ADKJ	安达科技	bj830809	BJ	bj	830809	830809_BJ 安达科技 ADKJ
QLHX	齐鲁华信	bj830832	BJ	bj	830832	830832_BJ 齐鲁华信 QLHX
WTY	XD万通液	bj830839	BJ	bj	830839	830839_BJ XD万通液 WTY
JKYQ	基康仪器	bj830879	BJ	bj	830879	830879_BJ 基康仪器 JKYQ
WCKJ	旺成科技	bj830896	BJ	bj	830896	830896_BJ 旺成科技 WCKJ
SXYY	森萱医药	bj830946	BJ	bj	830946	830946_BJ 森萱医药 SXYY
RNJS	润农节水	bj830964	BJ	bj	830964	830964_BJ 润农节水 RNJS
KDCH	凯大催化	bj830974	BJ	bj	830974	830974_BJ 凯大催化 KDCH
KTRQ	凯添燃气	bj831010	BJ	bj	831010	831010_BJ 凯添燃气 KTRQ
GYZB	国义招标	bj831039	BJ	bj	831039	831039_BJ 国义招标 GYZB

图 3-1-41　整理好的“代码\名称\拼音”字段

公司代码	股票代码	代码\名称\拼音
bj430017	430017	430017_BJ 星昊医药 XHYY
bj430047	430047	430047_BJ 诺思兰德 NSLD
bj430090	430090	430090_BJ 同辉信息 THXX
bj430139	430139	430139_BJ 华岭股份 HLGF
bj430198	430198	430198_BJ 微创光电 WCGD
bj430300	430300	430300_BJ 辰光医疗 CGYL
bj430418	430418	430418_BJ 苏轴股份 SZGF
bj430425	430425	430425_BJ 乐创技术 LCJS
bj430476	430476	430476_BJ 海能技术 HNJS
bj430478	430478	430478_BJ 峆一药业 HYYY
bj430489	430489	430489_BJ 佳先股份 JXGF
bj430510	430510	430510_BJ 丰光精密 FGJM
bj430556	430556	430556_BJ 雅达股份 YDGF
bj430564	430564	430564_BJ 天润科技 TRKJ
bj430685	430685	430685_BJ 新芝生物 XZSW
bj430718	430718	430718_BJ 合肥高科 HFGK
bj830779	830779	830779_BJ 武汉蓝电 WHLD
bj830799	830799	830799_BJ 艾融软件 ARRJ
bj830809	830809	830809_BJ 安达科技 ADKJ
bj830832	830832	830832_BJ 齐鲁华信 QLHX
bj830839	830839	830839_BJ XD万通液 WTY
bj830879	830879	830879_BJ 基康仪器 JKYQ
bj830896	830896	830896_BJ 旺成科技 WCKJ
bj830946	830946	830946_BJ 森萱医药 SXYY
bj830964	830964	830964_BJ 润农节水 RNJS
bj830974	830974	830974_BJ 凯大催化 KDCH
bj831010	831010	831010_BJ 凯添燃气 KTRQ
bj831039	831039	831039_BJ 国义招标 GYZB
bj831087	831087	831087_BJ 秋乐种业 QLZY
bj831152	831152	831152_BJ 昆工科技 KGKJ
bj831167	831167	831167_BJ 鑫汇科 XHK
bj831195	831195	831195_BJ XD三祥科 SXK
bj831278	831278	831278_BJ 泰德股份 TDGF
bj831304	831304	831304_BJ 迪尔化工 DEHG
bj831305	831305	831305_BJ 海希通讯 HXTX
bj831370	831370	831370_BJ 新安洁 XAJ
bj831445	831445	831445_BJ 龙竹科技 LZKJ
bj831526	831526	831526_BJ 凯华材料 KHCL
bj831641	831641	831641_BJ 格利尔 GLE
bj831689	831689	831689_BJ 克莱特 KLT
bj831726	831726	831726_BJ 朱老六 ZLL
bj831768	831768	831768_BJ 拾比佰 SBB
bj831832	831832	831832_BJ 科达自控 KDZK

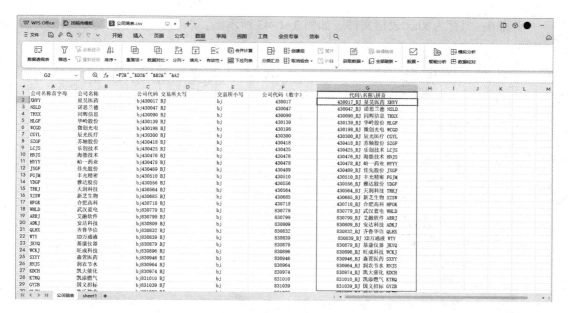

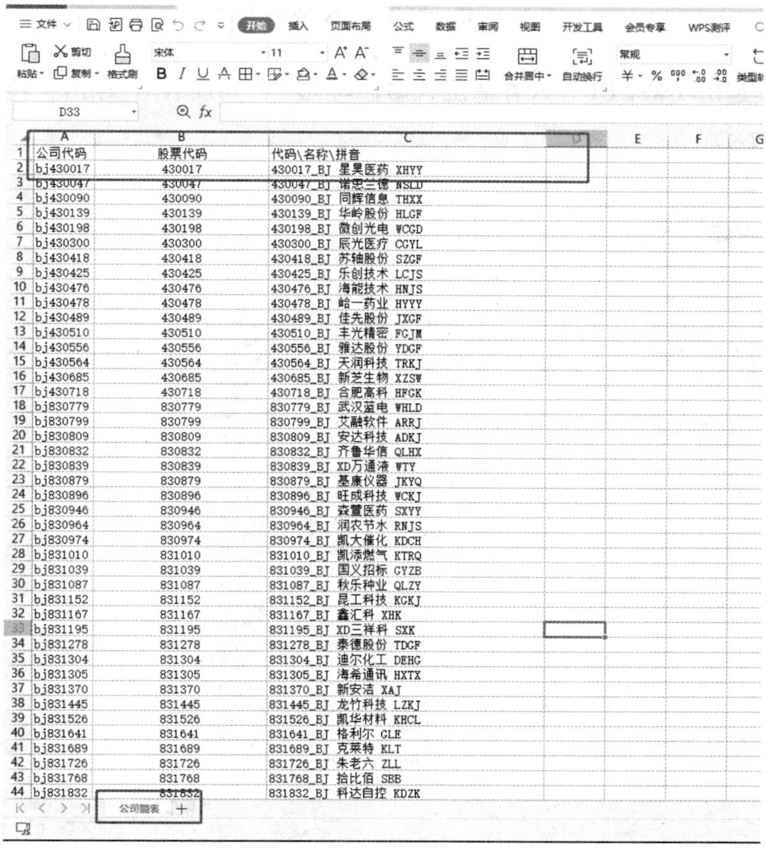

图 3-1-42　调整数据

步骤 6：另存为 xlsx 表格文件，如图 3-1-43 所示。

图 3-1-43　另存为 xlsx 表格文件

步骤 7：使用 Power BI 导入并清洗数据，勾选"公司简表"，点击"转换数据"，如图 3-1-44 所示。

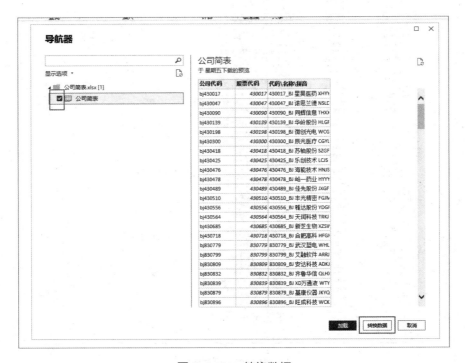

图 3-1-44　转换数据

步骤8：将"股票代码"列的数据类型改为"文本"，如图3-1-45所示。

图3-1-45　修改数据类型

步骤9：整理好的公司简表如图3-1-46所示。

注意：只能在Power BI的数据视图中显示的数据才是加载所有函数链接后最全的数据，Power Query中显示的只是全部数据中前999个样例数据，不够全面。

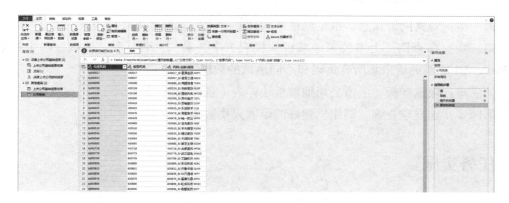

图3-1-46　整理结果

任务2　按地域板块采集股票分组表的实践任务

📖任务描述

视频资源

一、任务目标

在融智财经大数据仿真平台的"地域板块"查询地域股中上市企业的股票代码、公司名称及其他基本信息，通过Power BI从Web中获取该网页的URL，选择目标数据表格的URL，从Web复制URL并建立与网站的链接，获取股票信息样表，在Power Query界面创建相应参数和函数，完成地域股企业股票信息的批量获取。

二、任务要求

本任务需使用 Power BI 从融智财经大数据仿真平台获取"地域板块"中所有上市公司的基本信息。

（1）链接财经平台网址 URL，创建地域板块模板表。

（2）引用公司简表，不要使用原有公司简表进行操作。

（3）创建采集地域分组表函数，实现批量获取"地域板块"中全部上市公司的基础信息表，即地域分组表。

附件： 按地域板块采集股票分组表的初始化文件 .pbix

公司简表 .xlsx

网址：fbda.chinaive.com

三、本任务的基本逻辑

第一步：观察网址信息，根据网址结构建立上市公司地域板块样表。

第二步：在查询（上市公司地域板块样表）中替换"页码"和"地域"两个参数，使 Power BI 能够灵活采集所有页码和不同地域的数据。

第三步：根据样板（上市公司地域板块样表）创建函数。

第四步：建立空查询，调用创建好的函数采集数据。

📖 任务实施

一、上市公司地域板块样表的建立

步骤 1：通过地域板块样表的创建区分股票总表中各个股票所属地域。复制网址 http://fz.chinaive.com/febd/? username=rzgc–pbi，进入融智财经大数据仿真平台首页—行情中心，选择"地域板块"中的"新疆维吾尔自治区"，通过该板块创建地域样表，如图 3–2–1 所示。

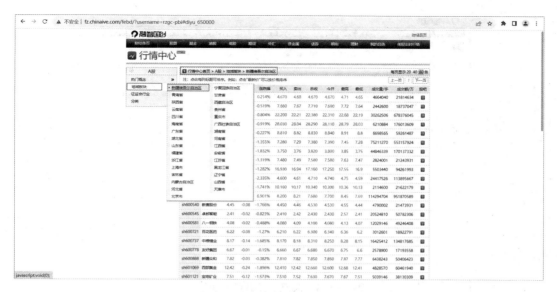

图 3-2-1　进入区域股票网址

步骤 2：以该地域板块创建地域板块样表，右键单击任意区域，选择"检查"，进入网页页面开发者模式，如图 3-2-2 所示。

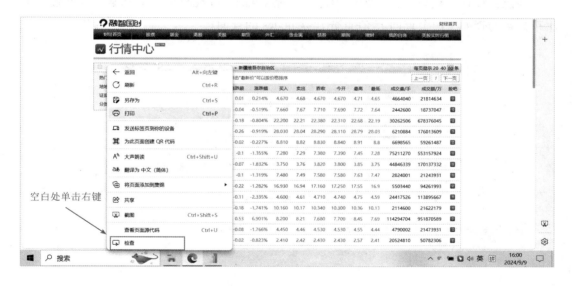

图 3-2-2　进入网页页面开发者模式

步骤 3：按照提示执行快捷键刷新页面即可，如图 3-2-3 所示。

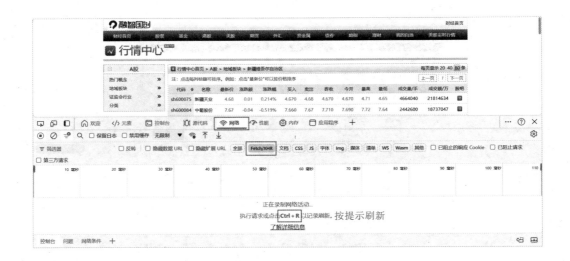

图 3-2-3 执行快捷键刷新页面

步骤 4：在网页页面开发者模式中找出地域板块信息的 URL 并复制，如图 3-2-4 所示。

注意：按地域板块采集，观察网址，发现需要新建 nodes 的查询和某个地域板块中上市公司的查询（两个查询），在此先建立 nodes 的查询。

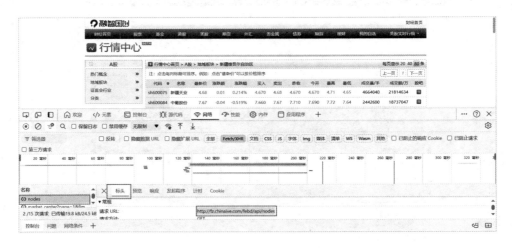

图 3-2-4 找出 URL 并复制

步骤 5：打开"按地域板块采集股票分组表的初始化文件 .pbix"，执行"主页→获取数据→ Web"命令，如图 3-2-5 所示。

图 3-2-5　获取数据

步骤 6：将复制的 URL 粘贴至 URL 输入框，点击"确定"，建立 Power BI 与融智财经大数据仿真平台的链接，如图 3-2-6 所示。

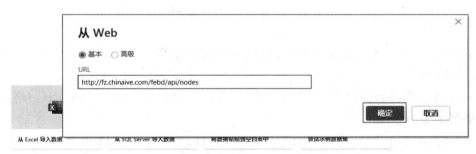

图 3-2-6　输入 URL 网址

步骤 7：成功建立链接后，直接跳转至 Power Query 查询编辑器界面，删除系统自动对数据做出的格式更改，点击"List"进入下一层列表数据，如图 3-2-7 所示。

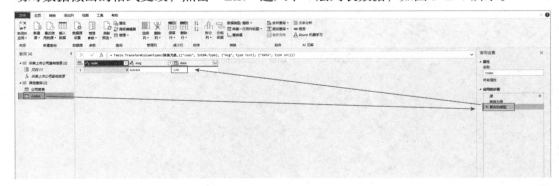

图 3-2-7　更改格式并展开"List"

注意："List"为列表，即一系列数据并列存储的"容器"，Power BI 采集网页数据时，会自动识别页面上的数据列表，并以"List"的形式返回。以本任务为例，"List"中存储着页面上的导航菜单、区域分类标签等信息，这些信息由于分属不同页面层级，需要逐层展开"List"才可获取。

步骤 8：当前数据层为"行情中心"页面，继续点击"List"，展开下一层数据列表，如图 3-2-8 所示。

图 3-2-8 "List"二级展开

步骤 9：当前数据层未显示有页面信息的提示，继续点击"List"，展开下一层数据列表，如图 3-2-9 所示。

步骤 10：当前数据层为"A 股行情"页面，继续点击"List"，展开下一层数据列表，如图 3-2-10 所示。

图 3-2-9 "List"三级展开

图 3-2-10　"List"四级展开

步骤 11：当前数据层可参照网络页面数据展示点击对应的"List"，"地域板块"对应第二行的"List"，点击即可，如图 3-2-11、图 3-2-12 所示。

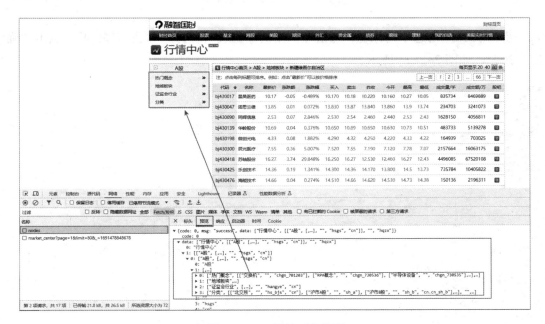

图 3-2-11　网址对应位置

图 3-2-12　"List"五级展开

步骤12：当前数据层已成功进入目标板块页面，继续点击"List"，进入"地域板块"详细页面，如图3-2-13所示。

图3-2-13 "List"六级展开

步骤13：单击选中列标题，点击左上角的"到表"，选择"截取多余列"，点击"确定"按钮，如图3-2-14所示。

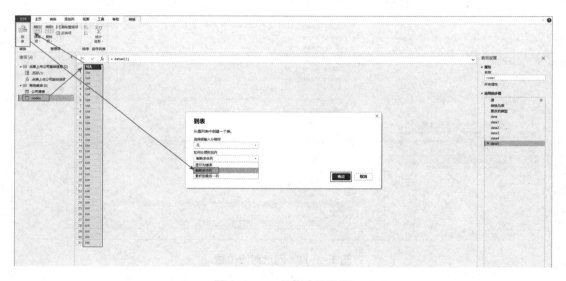

图3-2-14 转换为表数据

步骤14：展开已成功转换为表的数据，选择"提取值"，如图3-2-15所示。

注意：提取值＝横向展开，即将数值都放在一个空格内；扩展到新行＝纵向展开。

图 3-2-15 提取值

步骤 15：以逗号为分隔符，将每个"List"中存储的四项数据提取出来并存储在一个单元格中。使用分隔符可使后续拆分列等操作更加便捷，如图 3-2-16 所示。

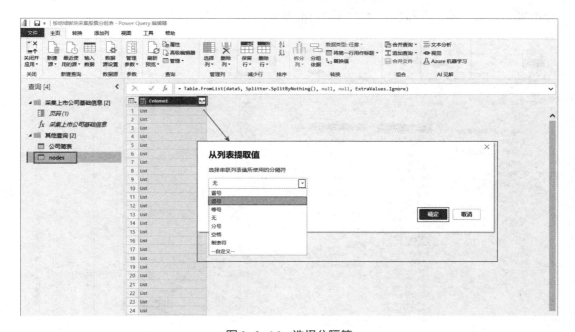

图 3-2-16 选择分隔符

步骤 16：以下为展开并成功执行分隔命令的数据，目前的数据包含了不需要的数据，所以要对数据进行拆分，也就是进行数据清洗，执行"列标题→拆分列→按分隔符"命令，如图 3-2-17 所示。

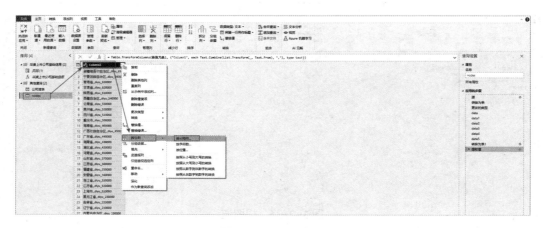

图 3-2-17　拆分列

步骤 17：使用自定义符号，输入英文格式下的两个逗号作为拆分符，将地域名称拆分出来，点击"确定"按钮，如图 3-2-18 所示。

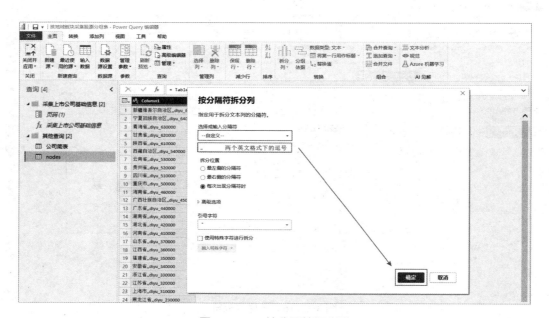

图 3-2-18　按分隔符拆分列

步骤 18：双击修改列标题名称、表名称并修改数据类型为"文本"，如图 3-2-19 所示。

二、上市公司地域股票信息样表的建立

获取完所有的"地域板块"数据之后，还要获取每一个"地域板块"中的上市公司基础信息，因此需要建立地域股票信息样表。

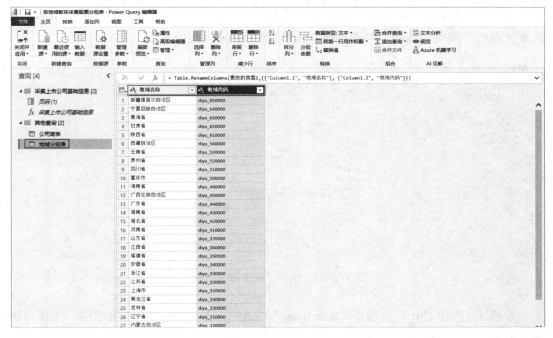

图 3-2-19　修改数据类型

步骤 1：在融智财经大数据仿真平台打开网页页面开发者模式，查看页面代码并找到任意地域板块中上市公司基础信息列表对应的 URL。由于该 URL 在首次查询时未携带分类标签信息，因此，需要再随机切换其他地域列表，以找到同时带有页码和分类编码的 URL，如图 3-2-20 所示。

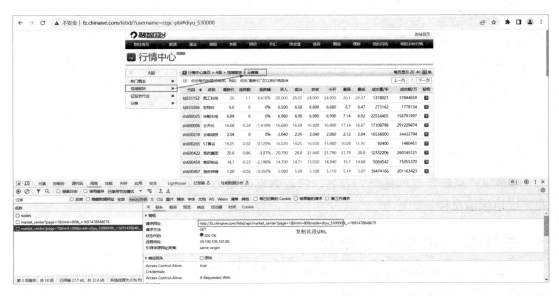

图 3-2-20　复制对应 URL

步骤 2：在 Power Query 界面执行"新建源→ Web"，将复制的 URL 粘贴至 URL 输入框，点击"确定"按钮，与网站建立链接，如图 3-2-21 所示。

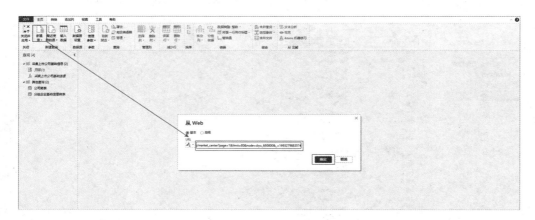

图 3-2-21　执行"新建源→ Web"

步骤 3：按住 Ctrl 键，选中"data.name""data.symbol"两列，右键单击，选择"删除其他列"，如图 3-2-22 所示。

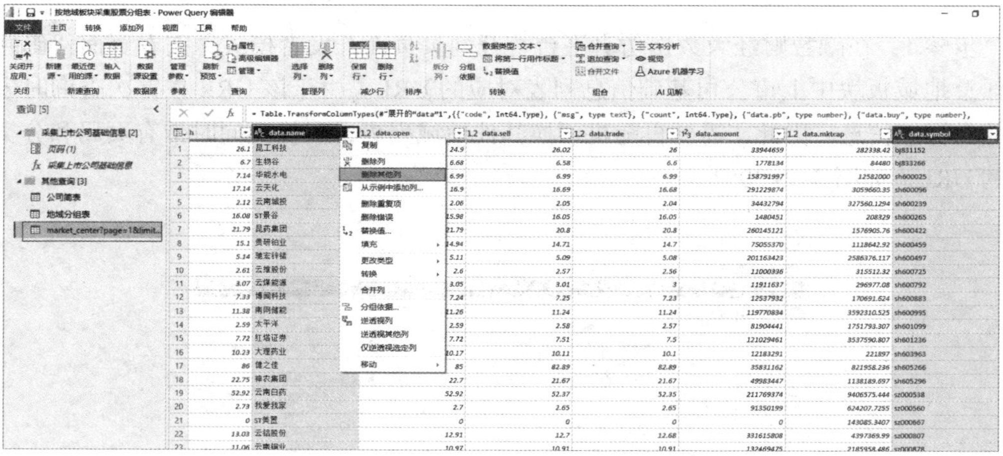

图 3-2-22　删除其他列

步骤 4：双击修改列标题、表名，修改数据类型为"文本"，如图 3-2-23 所示。至此完成地域信息样表的建立。

三、创建"分类编码"调用参数

步骤 1：通过观察网站网址可以发现，股票地域板块与每个公司的板块都有对应的板块代码，通过页码参数与分类编码参数的结合才能够访问对应公司网页。对此，可执行"主页→管理参数→新建参数"命令，创建"分类编码"参数，如图 3-2-24 所示；页码参数在获取上市公司股票信息时已经创建过了，这里可以重复使用，无须再次创建。

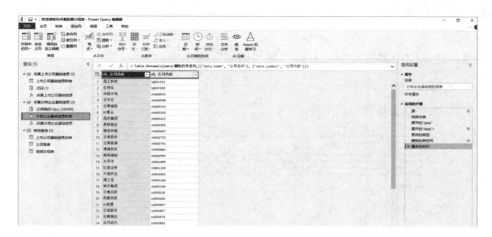

图 3-2-23　修改数据类型

图 3-2-24　创建"分类编码"参数

步骤 2：输入参数名称等信息，如图 3-2-25 所示。

注意："当前值"可任意选择一个公司代码代替，后续调用参数引用时，以包含该股票代码的列为集体引用对象。

图 3-2-25　输入参数名称

步骤 3：右键单击地域信息样表，进入高级编辑器，找到 URL，将"1"替换为页码参数"& 页码 &"，将"diyu_530000"替换为分类编码参数"& 分类编码 &"，如图 3-2-26 所示。

注意：此步骤中需要替换"页码"和"地域"两个参数。

图 3-2-26　替换页码参数和分类编码参数

步骤 4：成功将参数替换至源网址，至此地域信息样表的批量访问参数已创建并替换完成，已成功链接并获取到第一页的企业基础信息数据，如图 3-2-27 所示。

图 3-2-27　获取企业基础信息数据

四、创建采集分类企业基本信息的函数

步骤 1：在分组企业基础信息样表完成的基础上，右键单击"分组企业基础信息样表"，选择"创建函数"，完成地域分组表的采集函数创建，如图 3-2-28 所示。

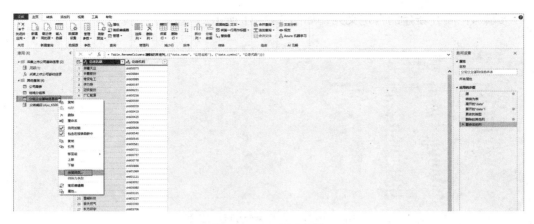

图 3-2-28 创建函数

步骤 2：输入函数名称为"采集分类企业基本信息"，点击"确定"按钮，如图 3-2-29 所示。

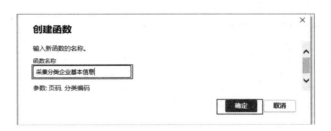

图 3-2-29 输入函数信息

步骤 3：单击"地域分组表"，执行"添加列→自定义列"，如图 3-2-30 所示。

注意：在"地域分组表"中新建一列与上一任务中单独创建空白查询为同一个用意，这里用于将不同地域中涵盖的所有页数的上市公司基础信息采集回来，存放排列。

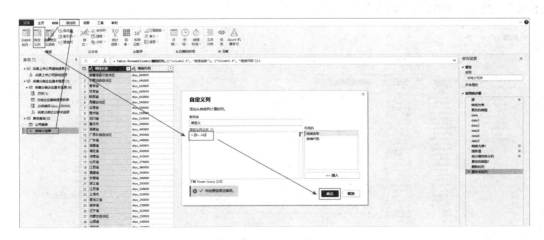

图 3-2-30 添加列

步骤 4：展开新建的自定义列，如图 3-2-31 所示。

图 3-2-31　展开新建的自定义列

步骤 5：修改自定义列数据类型为"文本"，如图 3-2-32 所示。

图 3-2-32　修改数据类型为"文本"

步骤 6：单击"地域分组表"，执行"添加列→调用自定义函数"，选择"采集分类企业基本信息"函数，选定分类编码对应的列名为"地域代码"，页码对应列名为"自定义"，点击"确定"，如图 3-2-33 所示。

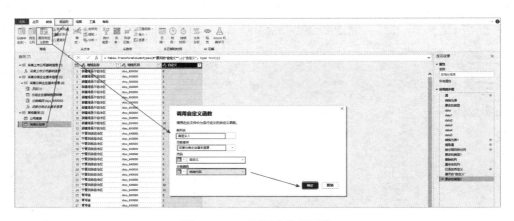

图 3-2-33　调用自定义函数

步骤7：等待与网页建立链接并批量获取目标数据后，点击"展开"按钮并"确定"，如图 3-2-34 所示。

图 3-2-34 展开数据

步骤8：修改列标题为"公司名称""公司代码"；修改数据类型为"文本"，并将"自定义"列删除，至此完成股票地域分组表的获取，如图 3-2-35 所示。

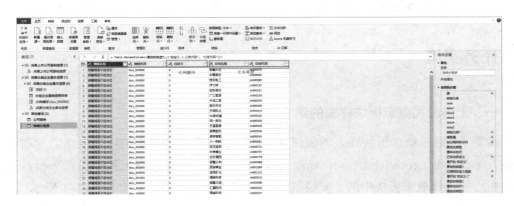

图 3-2-35 数据信息调整

步骤9：点击左上角的"关闭并应用"，等待加载结束后，保存并关闭即可。

任务 3 按概念板块采集股票分组表的实践任务

📖 任务描述

视频资源

一、任务目标

在融智财经大数据仿真平台"证监会行业"板块中查询某一概念板块所有上市企业

的股票代码、公司名称及其他基本信息，通过 Power BI 从 Web 获取该网页的 URL，选择目标数据表格的 URL，从 Web 复制 URL，建立与网站的链接，获取股票信息样表。在 Power Query 界面创建相应的参数和函数，完成"交换机"概念板块中所有企业股票信息的批量获取。

二、任务要求

本任务需使用 Power BI 从融智财经大数据仿真平台获取概念板块中所有上市公司的基本信息。

（1）链接财经平台网址 URL，创建概念板块模板表。

（2）引用公司简表，不要使用原有公司简表进行操作。

（3）创建采集概念分组表的函数，实现批量获取概念板块中全部上市公司的基础信息表，即概念分组表。

附件： 按概念板块采集股票分组表的初始化文件 .pbix

公司简表 .xlsx

网址：fbda.chinaive.com

📖 任务实施

一、上市公司概念板块样表的建立

步骤 1：通过概念板块样表的创建区分股票总表中各个股票的所属概念。复制网址 http：// fz.chinaive.com/febd/？username=rzgc-pbi，进入融智财经大数据仿真平台首页—行情中心，选择概念板块中的"交换机"，通过该板块创建样表，如图 3-3-1 所示。

图 3-3-1　网页查询

步骤 2：以该概念板块创建概念板块样表，右键单击"热门概念"，选择"检查"，进入网页页面开发者模式，如图 3-3-2 所示。

图 3-3-2 进入网页页面开发者模式

步骤 3：按照提示执行快捷键刷新页面即可，如图 3-3-3 所示。

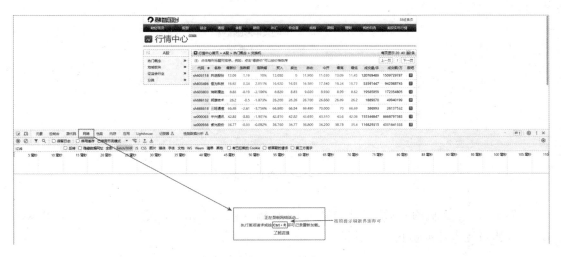

图 3-3-3 刷新界面

步骤 4：在网页页面开发者模式中找出概念板块信息中的 URL 信息并复制，如图 3-3-4 所示。

步骤 5：打开"按概念板块采集股票分组表的初始化文件 .pbix"，执行"主页→获取数据→ Web"，如图 3-3-5 所示。

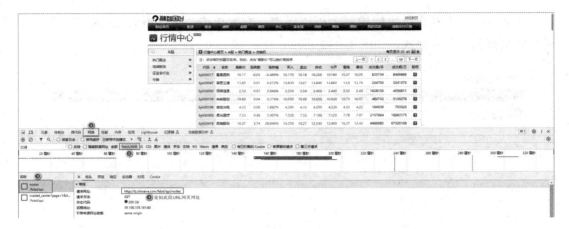

图 3-3-4　查找 URL 信息

图 3-3-5　获取数据

步骤 6：将复制的 URL 信息粘贴至 URL 输入框，点击"确定"按钮，建立 Power BI 与融智财经大数据仿真平台的链接，如图 3-3-6 所示。

图 3-3-6　输入 URL 信息

步骤 7：成功建立链接后，直接跳转至 Power Query 查询编辑器界面，删除系统自动对数据做出的格式更改，点击"List"进入下一层列表数据，如图 3-3-7 所示。

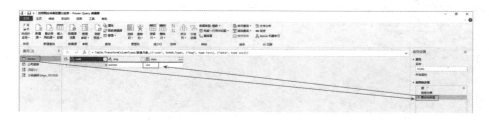

图 3-3-7　展开一级"List"

步骤 8：当前数据层为"行情中心"页面，继续点击"List"，展开下一层数据列表，如图 3-3-8 所示。

图 3-3-8　展开二级"List"

步骤 9：当前数据层未显示有页面信息的提示，继续点击"List"展开下一层数据列表。

步骤 10：当前数据层为"A 股行情"页面，继续点击"List"展开下一层数据列表。

步骤 11：当前数据层可参照网络页面数据展示进行点击对应的"List"，概念板块对应第一行的"List"，点击即可。

步骤 12：当前数据层已成功进入目标板块页面，继续点击"List"，进入概念板块详细页面。

步骤 13：单击选中列标题，点击左上角"到表"，选择"截取多余列"，点击"确定"按钮，如图 3-3-9 所示。

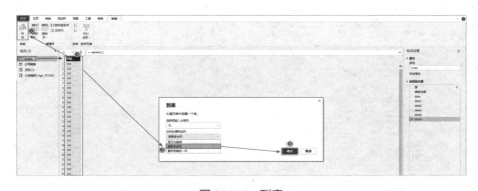

图 3-3-9　到表

步骤14：展开已成功转换为表的数据，选择"提取值"，如图3-3-10所示。

图3-3-10　提取值

步骤15：以逗号为分隔符，将每个"List"中存储的四项数据提取出来并存储在一个单元格中。分隔符的使用可使后续拆分列等操作更加便捷，如图3-3-11所示。

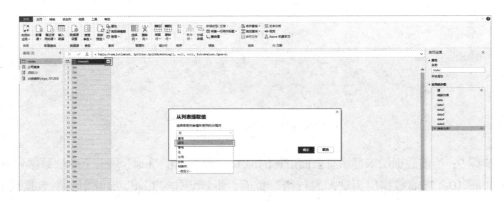

图3-3-11　使用分隔符

步骤16：以下为展开并成功执行分隔命令的数据，目前的数据包含了不需要的数据，所以要对数据进行拆分，也就是进行数据清洗，执行"列标题→拆分列→按分隔符"命令，操作如图3-3-12所示。

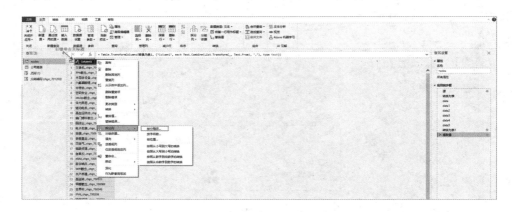

图3-3-12　拆分列

步骤 17：使用自定义符号，输入英文格式下的两个逗号作为拆分符，将概念名称拆分出来，点击"确定"按钮，如图 3-3-13 所示。

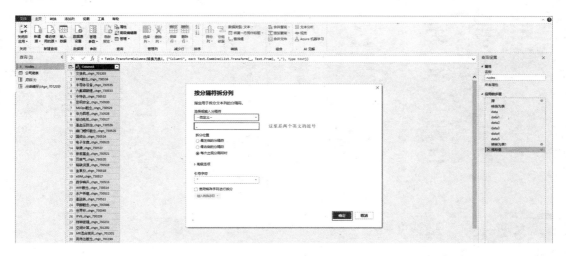

图 3-3-13 按分隔符拆分列

步骤 18：双击修改列标题名、表名称并修改数据类型为"文本"，如图 3-3-14 所示。

图 3-3-14 修改数据类型

二、调用概念板块爬虫函数

注意：本任务中可以直接调用函数使用，因为在前两个分组任务中，已经将样表、参数以及函数创建完成，而这三个分组任务所涉及的调整格式相同。

步骤 1：单击"概念分组表"，执行"添加列→自定义列"，如图 3-3-15 所示。

步骤 2：展开新建的"自定义"列，如图 3-3-16 所示。

步骤 3：修改"自定义"列数据类型为"文本"，如图 3-3-17 所示。

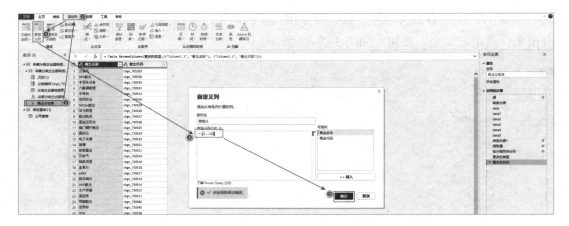

图 3-3-15　添加列

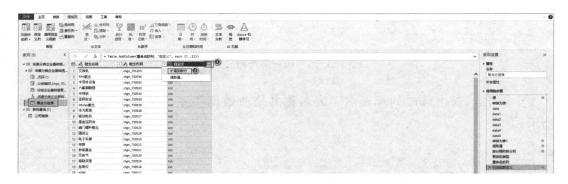

图 3-3-16　展开列

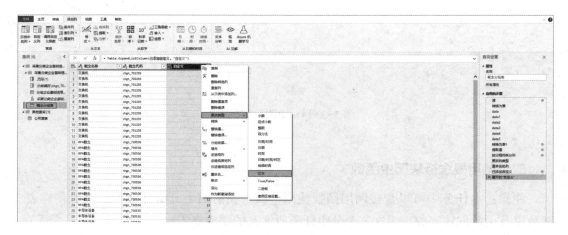

图 3-3-17　修改数据类型

步骤 4：单击"概念分组表"，执行"添加列→调用自定义函数"，选择"采集分类企业基础信息"函数，选定分类编码对应的列名为"概念代码"，页码对应列名为"自定义"，点击"确定"按钮，如图 3-3-18 所示。

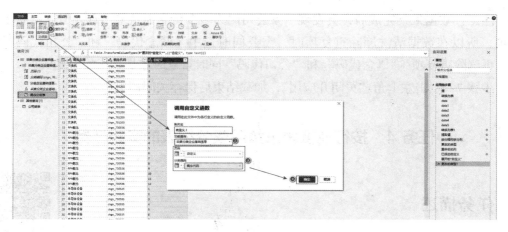

图 3-3-18 调用自定义函数

步骤 5：等待与网页建立链接并批量获取目标数据后，点击"展开"按钮并"确定"，如图 3-3-19 所示。

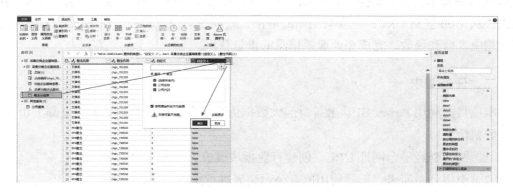

图 3-3-19 展开数据

步骤 6：修改列标题为"公司名称""公司代码"；修改数据类型为"文本"，并将"自定义"列删掉，至此完成股票分组表的获取，如图 3-3-20 所示。

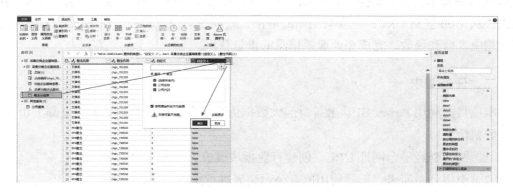

图 3-3-20 调整数据

注意：数据采集完成后，会发现一家公司因为多个概念而重复出现，但这不属于重复项，所以在数据清洗删除重复项时，需要同时选中"概念代码"和"公司代码"两列，再删除重复项（"概念代码"和"公司代码"同时重复时才是真正的重复项）。

步骤7：点击左上角"关闭并应用"，加载结束后保存关闭即可。

任务4　按行业板块采集股票分组表的实践任务

📖 任务描述

视频资源

一、任务目标

在融智财经大数据仿真平台"证监会行业"板块中查询上市企业的股票代码、公司名称及其他基本信息，通过 Power BI 从 Web 获取该网页的 URL，选择目标数据表格的 URL，从 Web 复制 URL，建立与网站的链接，获取股票信息样表。在 Power Query 界面创建相应参数和函数，完成企业股票信息的批量获取。

二、任务要求

本项目需利用 Power BI 从融智财经大数据仿真平台获取行业板块下的全部上市公司行业股票信息。

（1）链接财经平台网址 URL，创建行业板块模板表。

（2）引用公司简表，不要使用原有公司简表进行操作。

（3）创建采集行业分组表的函数，实现批量获取行业板块中全部上市公司基础信息表，即行业分组表。

附件：按行业板块采集股票分组表的初始化文件 .pbix

公司简表 .xlsx

网址：fbda.chinaive.com

📖 任务实施

一、上市公司行业板块样表的建立

步骤1：通过行业板块样表的创建区分股票总表中各个股票所属行业。复制网址 http://fz.chinaive.com/febd/?username=rzgc-pbi，进入融智财经大数据仿真平台首页—行情中心，选择"证监会行业"板块中的"采矿业▶石油和天然气开采业"，通过该板块创建行业样表，如图 3-4-1 所示。

图 3-4-1 查阅网址信息

步骤 2：以该行业板块创建行业板块样表，右键单击任意行业，选择"检查"，进入网页页面开发者模式，如图 3-4-2 所示。

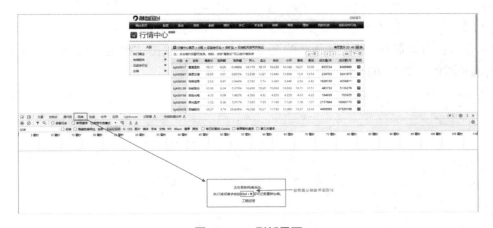

图 3-4-2 进入网页页面开发者模式

步骤 3：按照提示执行快捷键刷新页面即可，如图 3-4-3 所示。

图 3-4-3 刷新界面

步骤 4：在网页页面开发者模式中找出行业板块信息中的 URL 信息并复制，如图 3-4-4 所示。

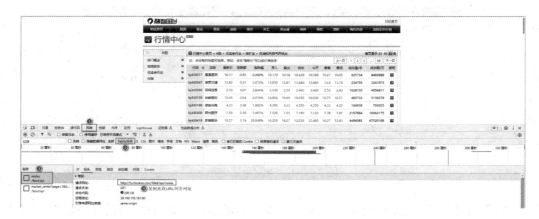

图 3-4-4　复制 URL 信息

步骤 5：打开"按行业板块采集股票分组表的初始化文件 .pbix"，执行"主页→获取数据→ Web"，如图 3-4-5 所示。

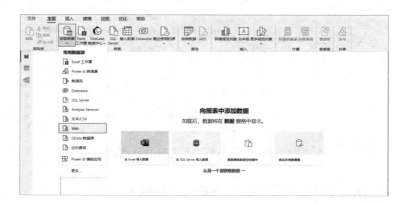

图 3-4-5　获取数据

步骤 6：将复制的 URL 信息粘贴至 URL 输入框，点击"确定"按钮，建立 Power BI 与融智财经大数据仿真平台的链接，如图 3-4-6 所示。

图 3-4-6　输入 URL 信息

步骤 7：成功建立链接后，直接跳转至 Power Query 查询编辑器界面，删除系统自动对数据做出的格式更改，点击"List"进入下一层列表数据，如图 3-4-7 所示。

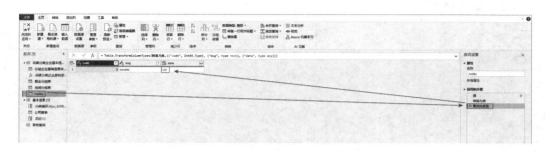

图 3-4-7 展开一级"List"

步骤 8：当前数据层为"行情中心"页面，继续点击"List"，展开下一层数据列表。

步骤 9：当前数据层未显示有页面信息的提示，继续点击"List"，展开下一层数据列表。

步骤 10：当前数据层为"A 股行情"页面，继续点击"List"，展开下一层数据列表。

步骤 11：当前数据层可参照网络页面数据展示点击对应的"List"，行业板块对应第三行的"List"。

步骤 12：当前数据层已成功进入目标板块页面，继续点击"List"，进入行业板块详细页面。

步骤 13：单击选中列标题，点击左上角"到表"，选择"截取多余列"，点击"确定"按钮，如图 3-4-8 所示。

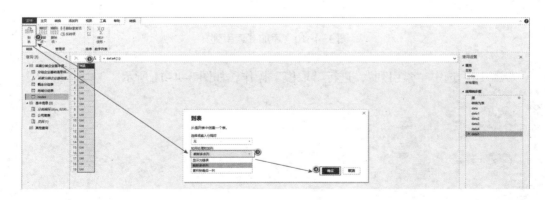

图 3-4-8 到表

步骤 14：展开已成功转换为表的数据，选择"扩展到新行"，如图 3-4-9 所示。

步骤 15：在表格中添加从 0 开始的"索引列"，以完成下一层列表的展开，如图 3-4-10 所示。

图 3-4-9　到表

注意：可以看到，这时的表格中，数据以四个一组的规律循环排列，每个循环中都含有一个未展开的"list"，这是因为行业的分类要比其他两个分类多一个层次；要想把每个小循环中的"List"展开，就需要对每个小循环中的内容进行汇总并展开成不同的列，再进行展开，汇总即给各个循环中位置相对统一的数据添加一个相同的标识，方便接下来的分类到列，添加标识的这个过程在 Power BI 中体现为"取模"，而添加索引列便是为了展开"List"而进行的第一步操作。

图 3-4-10　添加"索引列"

步骤 16：选中"索引列"，进行"取模"操作，如图 3-4-11 所示。

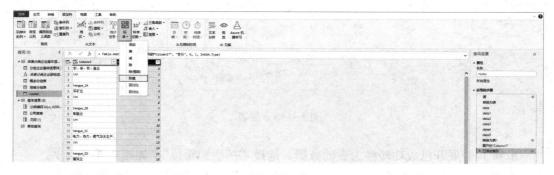

图 3-4-11　取模

步骤 17：在"取模"窗口中，"值"输入为 4，点击"确定"按钮，如图 3-4-12 所示。

注意：这里输入 4，是因为在列表中，每一个小循环是以四行为一个循环。（取模的内涵即"索引 /4"得到的余数。当一个数除以另一个数，如果被除数比除数小的话，商为 0，余数就是被除数自己。例如，1 除以 2，商数为 0，余数为 1；2 除以 3，商数为 0，余数为 2；其他，如 7/4 余 3）

图 3-4-12　输入值

步骤 18：点击上方"转换"，再点击"透视列"，在"透视列"的"值列"中选择"Column 1"，点击"高级选项"，在"聚合值函数"中选择"不要聚合"，最后点击"确定"按钮，如图 3-4-13 所示。

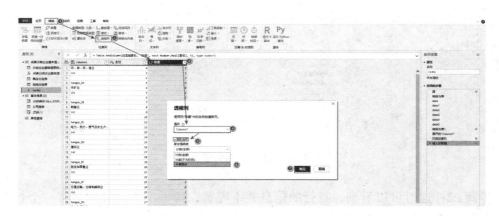

图 3-4-13　透视列

步骤 19：将含有"List"的列展开，选择"扩展到新行"，如图 3-4-14 所示。

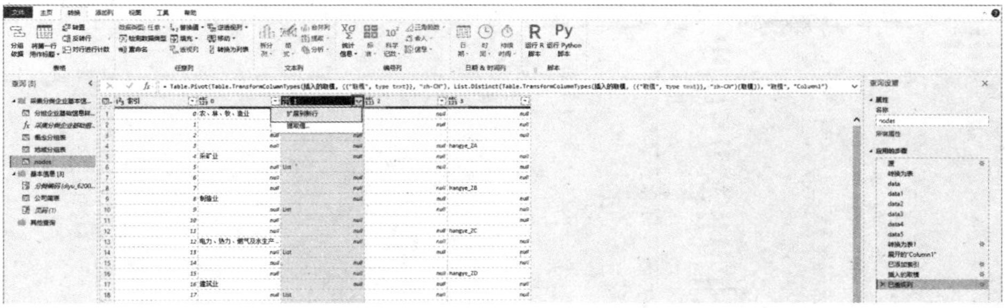

图 3-4-14　展开列，选择"扩展到新行"

步骤 20：再次将该列展开，选择"提取值"，如图 3-4-15 所示。

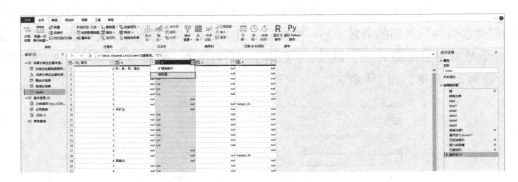

图 3-4-15　二次展开列

步骤 21：以逗号为分隔符，将每个"List"中存储的四项数据提取出来并存储在一个单元格中。分隔符的使用可使后续拆分列等操作更加便捷，如图 3-4-16 所示。

图 3-4-16　使用分隔符

步骤 22：这时可以看到，每行的信息并不完整，每一个小部分中只有一个行业名称，所以这里要将行业名称填充到其所对应的范围内，如图 3-4-17 所示。

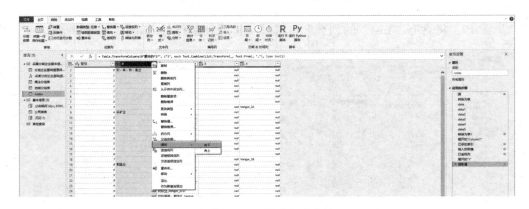

图 3-4-17　填充行业名称

步骤 23：以下为成功执行分隔命令和填充命令的数据，目前的数据包含不需要的数据，所以要对数据进行拆分，也就是进行数据清洗，执行"列标题→拆分列→按分隔符"，如图 3-4-18 所示。

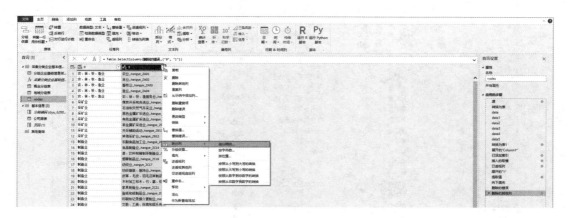

图 3-4-18　拆分列

步骤 24：使用自定义符号，输入英文格式下的两个逗号作为拆分符，将名称拆分出来，点击"确定"按钮，如图 3-4-19 所示。

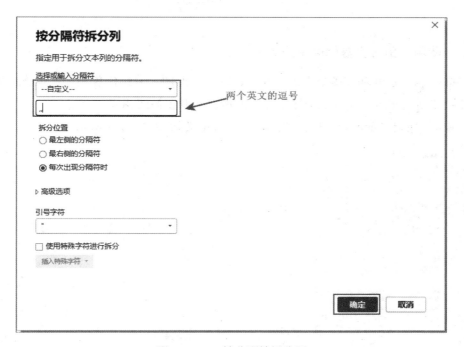

图 3-4-19　按分隔符拆分列

步骤 25：分隔之后，右键点击"1.1"列，选择"删除错误"，并且将除了"0"列、"1.1"列与"1.2"列之外的所有列删除，如图 3-4-20 所示。

		= Table.SplitColumn(向下填充, "1", Splitter.SplitTextByDelimiter(",", QuoteStyle.Csv), {"1.1", "1.2"})

图 3-4-20　数据整理

二、调用采集分类基础信息的函数

注意：本任务可以直接调用函数使用，因为在前两个分组任务中，已经将样表、参数以及函数创建完成，而这三个分组任务所涉及的调整格式相同。

步骤 1：单击"nodes"，执行"添加列→自定义列"，如图 3-4-21 所示。

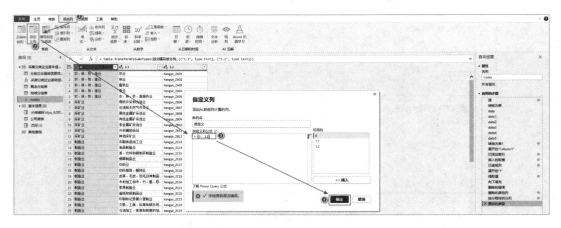

图 3-4-21　自定义列

步骤 2：展开新建的"自定义"列，如图 3-4-22 所示。

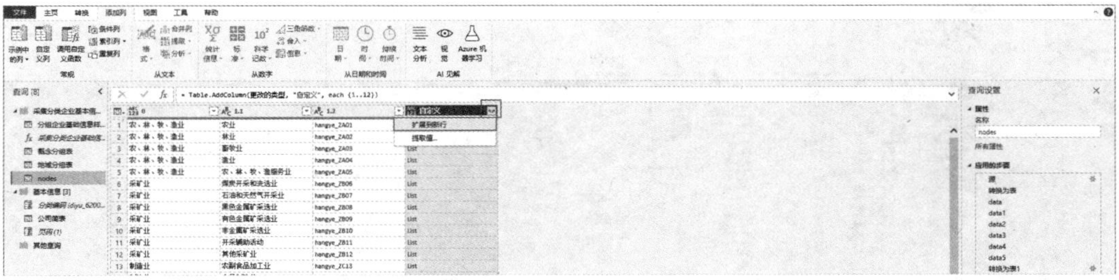

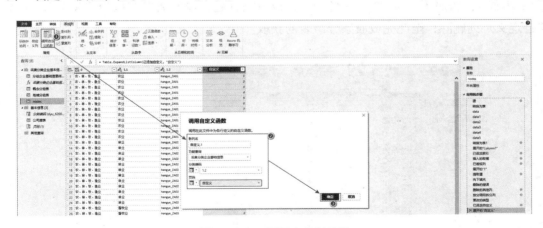

图 3-4-22 展开新建的"自定义"列

步骤 3：修改"自定义"列数据类型为"文本"，如图 3-4-23 所示。

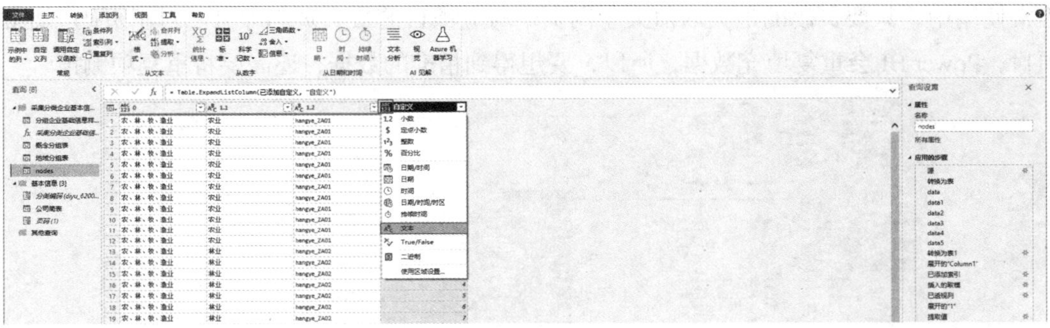

图 3-4-23 修改数据类型

步骤 4：单击"nodes"，执行"添加列→调用自定义函数"，选择分类企业基础信息采集函数，选定"分类编码"对应的列名为"1.2"，"页码"对应列名为"自定义"，点击"确定"按钮，如图 3-4-24 所示。

图 3-4-24 调用自定义函数

步骤 5：等待与网页建立链接并批量获取目标数据后，点击"展开"按钮并"确定"，如图 3-4-25 所示。

图 3-4-25　展开数据

步骤 6：右键点击"公司名称"对应列，点击"删除重复项"，如图 3-4-26 所示。

注意：在前面创建"自定义"列的时候，为了避免漏掉数据，页码的取值为 1～12，正常使用中，只要页码的最大取值大于网页中对应项目的最大页码即可。对于页码不足的项目，Power BI 会重复填充数据，所以，要想得到精准的数据，还需要将重复项删掉。

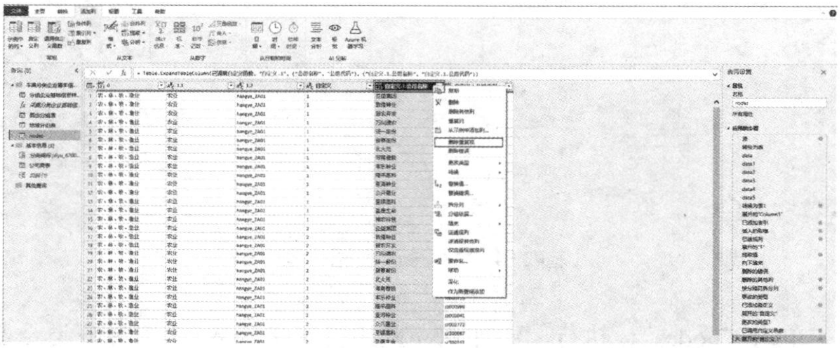

图 3-4-26　删除重复项

步骤 7：按照图 3-4-27 修改各列标题以及组标题；修改数据类型为"文本"，并将"自定义"列删除，至此完成股票分组表的获取。

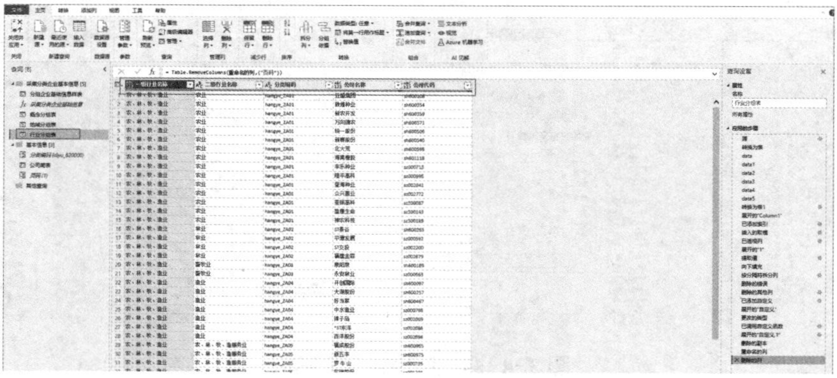

图 3-4-27　修改数据

步骤 8：点击左上角"关闭并应用"，加载结束后点击保存关闭即可。

任务 5 股票分组表合并的实践任务

视频资源

📖 任务描述

一、任务目标

通过前四个任务，股票总表、股票概念表、股票行业表和股票地域表已经创建成功。分组维度信息已经基本完整，但为后续调用方便，需要将这四大表格合并为一整张表。本任务通过 Power Query 自带的合并查询功能，调用四大报表共有的特征，实现联表合并。

二、任务要求

本任务需使用 Power Query 将从融智财经大数据仿真平台获取的地域分组表、概念分组表、行业分组表与公司简表进行合并。

（1），将地域分组表、概念分组表、行业分组表中的"公司代码"列整理删除字母，只保留数字。

（2）引用公司简表，不要使用原有公司简表进行操作。

（3）创建合并查询，以公司简表为基础，以"公司代码"为合并标签，依次将地域分组表、概念分组表、行业分组表合并至一张表内并进行数据整理。

附件： 股票分组表合并的初始化文件 .pbix

　　　　公司简表 .xlsx

　　　　网址：fbda.chinaive.com

📖 任务实施

通过观察四张表格的数据内容发现，每一张表都包含了共同的两列数据（"股票名称"和"股票代码"），因此可以通过 Power Query 自带的合并查询功能实现联表合并。

一、引用公司简表

步骤 1：在 Power Query 列表中右键点击"公司简表"，选择"引用"功能，或者复制该表。得到一份复制的公司简表数据，用作数据合并查询的基础，如图 3-5-1 所示。

注意：因简表的获取经过了非常复杂的过程，为了原始数据的安全性和完整性，建议在复制的数据基础上对其进行多表合并操作。

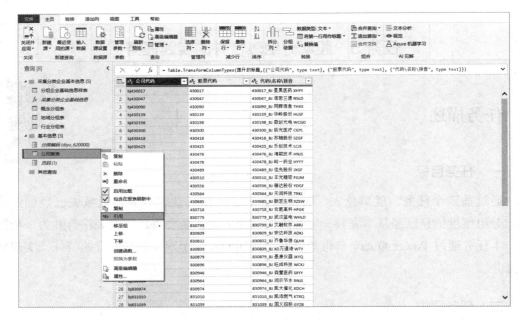

图 3-5-1 引用公司简表

步骤 2：双击"公司简表（2）"或右键单击选择"重命名"，修改表名为"公司分组表"，如图 3-5-2 所示。

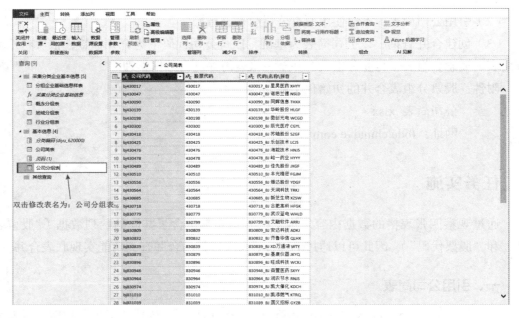

图 3-5-2 表重命名

二、保留"公司代码"

"公司代码"是每个报表数据中最全的数据，也是一切表格的基础，所以删除其他两列，保留"公司代码"列即可，如图 3-5-3 所示。

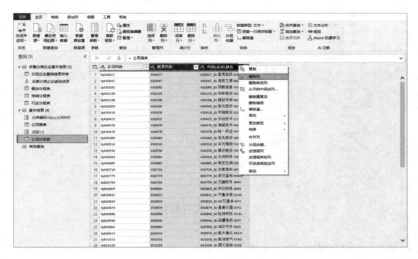

图 3-5-3 保留"公司代码"

三、合并查询

四张表的合并需要通过三次合并查询操作才能完成，具体操作步骤如下。

步骤 1：第一次合并地域分组表，左键单击"公司分组表"，选择"合并查询"，选中"地域分组表"，分别点击两张表中的"公司代码"列，点击"确定"按钮，如图 3-5-4 所示。

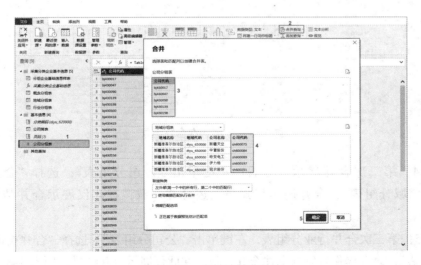

图 3-5-4 合并地域分组表

步骤 2：合并查询后执行展开，如图 3-5-5 所示。

图 3-5-5　展开数据

步骤 3：第一次合并结果如图 3-5-6 所示。

图 3-5-6　第一次合并结果

步骤 4：第二次合并概念分组表，左键单击"公司分组表"，选择"合并查询"，选中"概念域分组表"，合并操作步骤与上述合并一致，在此仅展示合并结果，如图 3-5-7 所示。

步骤 5：第三次合并行业分组表，左键单击"公司分组表"，选择"合并查询"，选中"行业分组表"，合并操作步骤与上述合并一致，在此仅展示合并结果，如图 3-5-8 所示。

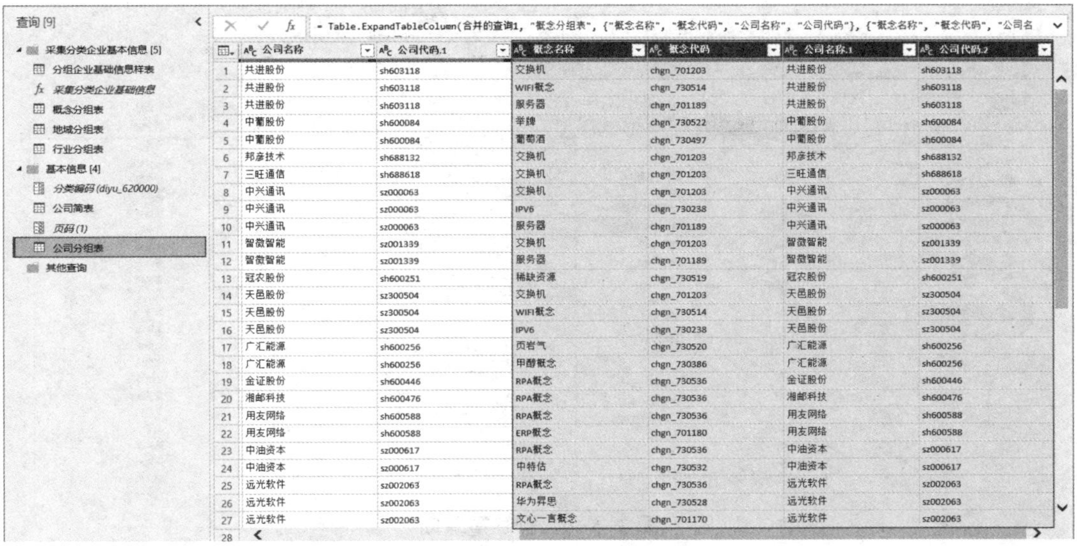

图 3-5-7 第二次合并结果

图 3-5-8 第三次合并结果

四、数据细节处理

注意：当所有的查询工作结束后会发现，有部分数据显示为"null"，这是因为新上市企业主营业务、注册地等信息并非单一信息，因此网站未对该公司进行分组，在这里需要利用替换功能，将对应的空值批量替换为未分组。

步骤1：将"公司分组表"中"公司代码"列与"概念代码"列进行排重，单击"删除重复项"，如图3-5-9所示。

图 3-5-9 删除重复项

步骤 2：分别点击"地域名称""概念名称""一级行业名称"和"二级行业名称"四列中的□图标，检查是否含有 null 空值，如图 3-5-10 所示。

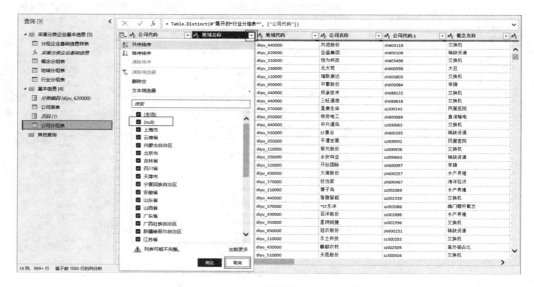

图 3-5-10 检查是否存在 null 空值

步骤 3：依次单击列标题"地域名称""概念名称""一级行业名称"和"二级行业名称"；右键单击"替换值"，统一将"null"替换为"未分组"，如图 3-5-11、图 3-5-12 所示。

步骤 4：分别点击"地域代码""概念代码"和"分类编码"三列中的□图标，检查是否含有 null 空值，如图 3-5-13 所示。

图 3-5-11 单击"替换值"

图 3-5-12 将"null"替换为"未分组"

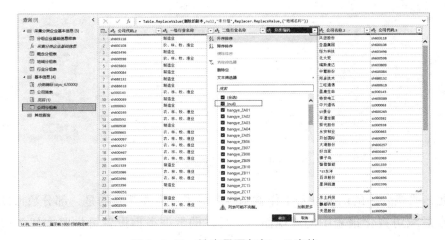

图 3-5-13 检查是否存在 null 空值

步骤5：依次单击列标题"地域代码""概念代码"和"分类编码"；右键单击"替换值"，保留本列内容中固定字母与符号，将数字统一替换为"999999"，如图3-5-14所示。

图 3-5-14　将"null"替换为"999999"

步骤6：进一步删除合并后得到的"公司名称"与"公司代码"共三组数据（地域、概念、行业），以便后续数据名称的规范统一，如图3-5-15所示。注意不要删除第一列的公司代码。

图 3-5-15　数据整理

至此，股票分组的前期准备工作就基本完成了。需要注意的是，部分数据的类型应根据其在后续可视化报表中的展现而定。具体的数据类型设置可借鉴本任务截图中的样式。

任务 6　采集上市公司财务报表主表的实践任务

视频资源

📖 任务描述

一、任务目标

本任务正式进入上市公司三张财务报表获取阶段，其数据的提取方法与股票分组阶段略有不同，原因在于三大报表是各公司的特有属性，其数据位于各公司的详情页面下，因此在提取该部分数据时需要详细观察三大报表的网址结构，通过抓取一家公司的财报样表建立多个 URL 网址中的可替代参数，进而爬取所有上市公司不同年份的三大报表。

二、任务要求

本任务需利用 Power BI 从融智财经大数据仿真平台获取上市公司的财务报表主表——资产负债表、利润表、现金流量表。

（1）连接财经平台网址 URL，创建财务报表模板。

（2）引用公司简表，不要使用原有公司简表进行操作。

（3）创建采集报表函数，实现批量获取上市公司财务报表。

注意：由于原数据数量过于庞大，为了节约时间，这里将取样的公司数量减少为五家。

附件： 采集上市公司财务报表主表的初始化文件 .pbix.

公司简表 .xlsx

网址：fbda.chinaive.com

📖 任务实施

一、样表前期准备

步骤 1：在融智财经大数据仿真平台公司列表中点击任意一家公司的名称或代码，进入该公司详情页，如图 3-6-1 所示。

步骤 2：在详情页中可以看到，三大报表所有历史数据都镶嵌在该网页的子模块中，只有点击对应的报表名称才可以进入对应公司财务报表的详情页。此处以资产负债表为例，点击进入资产负债表页面，如图 3-6-2 所示。

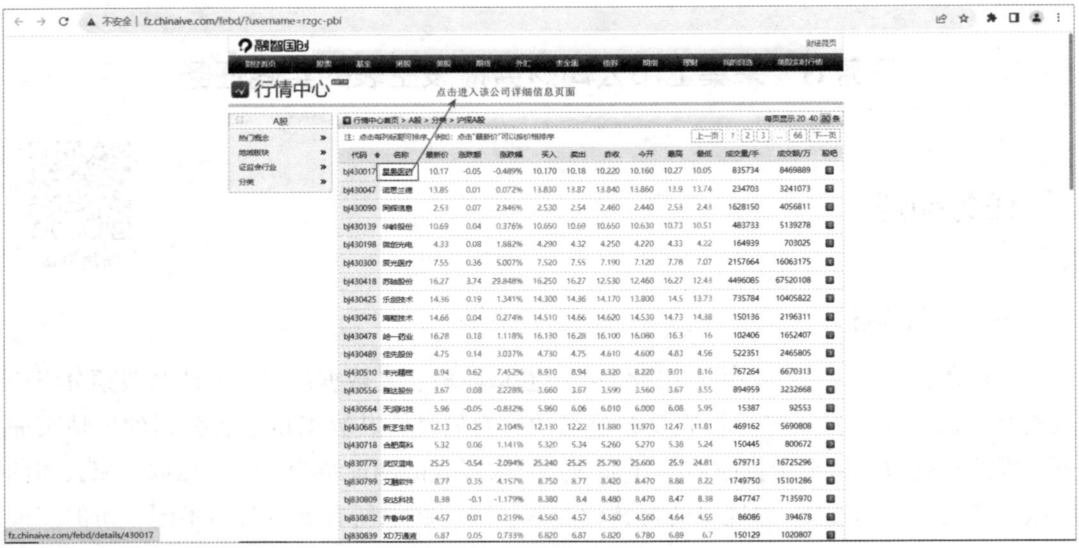

图 3-6-1　进入公司详情页

图 3-6-2　点击进入资产负债表页面

步骤 3：观察已打开的资产负债表页面，可以发现上市公司的股票代码与报表名称、报表年度都存在于当前的 URL 中，如图 3-6-3 所示。这里可以直接复制该网址，方便后续使用。

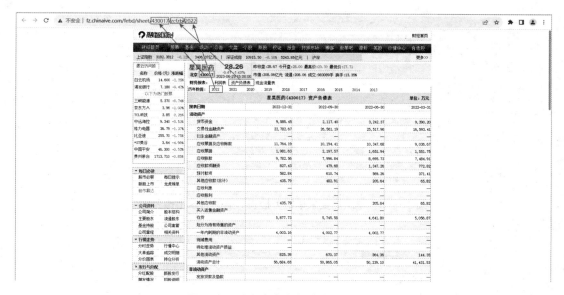

图 3-6-3　观察资产负债表页面详情

步骤 4：点击"公司简表"，到右侧"查询设置"下的"源"，点击后面的 ▓ 按钮；浏览选择本案例给出的公司简表文件，点击"确定"后继续点击"Table"，如图 3-6-4 所示。

图 3-6-4　查询公司简表

步骤 5：本次需要采集财务报表数据的五家上市公司如图 3-6-5 所示。

步骤 6：通过"引用"操作，复制一份包含所有公司股票代码的表，目的在于保持各类参数的正常运行，如图 3-6-6 所示。

图 3-6-5　本次需要采集财务报表数据的五家上市公司

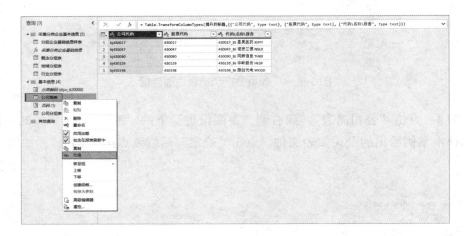

图 3-6-6　引用表

步骤 7：在引用后的公司简表中点击"股票代码"列，右键选择"删除其他列"，仅保留"股票代码"，如图 3-6-7 所示。

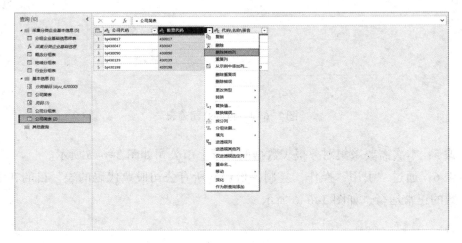

图 3-6-7　删除其他列

步骤 8：在"主页"中点击"新建源"，选择"Web"，如图 3-6-8 所示。

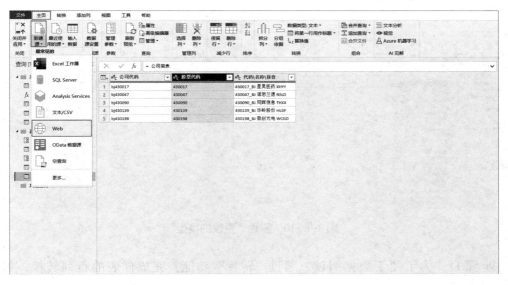

图 3-6-8　获取数据

步骤 9：粘贴之前步骤中复制的网址，如图 3-6-9 所示。

图 3-6-9　复制网址

步骤10：将获取表后软件自动进行的"更改的类型"操作删除，如图3-6-10所示。

图3-6-10　删除"更改的类型"

步骤11：为了便于数据阅读，通过"转置"功能，完成样表的行列转换，如图3-6-11所示。

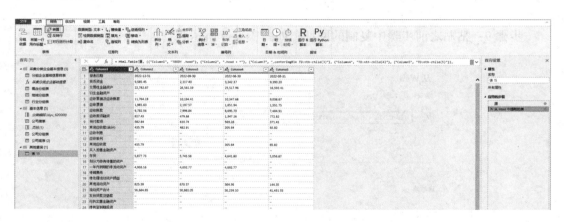

图3-6-11　通过"转置"功能完成样表的行列转换

步骤12：因企业经营业务时间及业务范围不同，出现多个规范报表项目内容为空，为后续数据分析之便，需要通过筛选数据列表删除空白项目，如图3-6-12所示。

图3-6-12　删除空白项目

步骤 13：通过"将第一行用作标题"功能，将报表项目提升为表格标题，如图 3-6-13 所示。

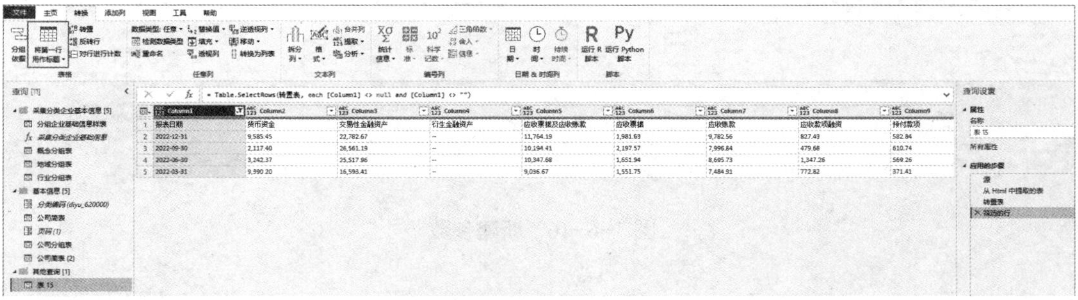

图 3-6-13　表格标题

步骤 14：将软件自动进行的"更改的类型"操作删除，如图 3-6-14 所示。

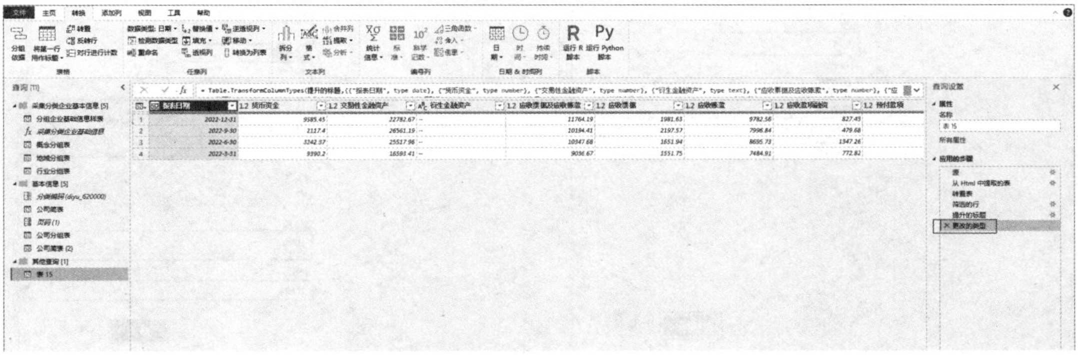

图 3-6-14　删除"更改的类型"

步骤 15：因公司经营情况不同，有的时间可能会为空值，所以在这里删除空行，如图 3-6-15 所示。

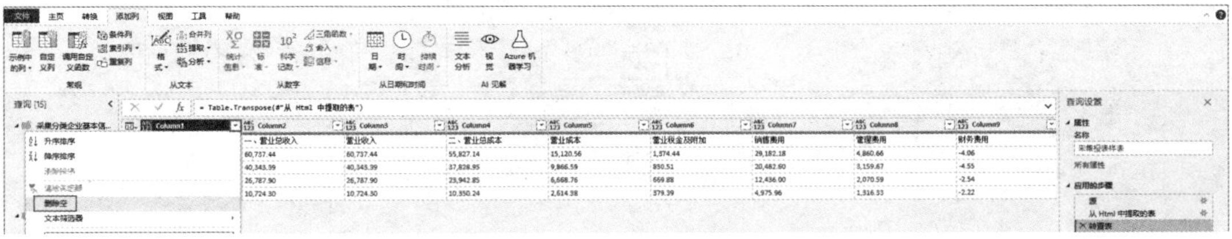

图 3-6-15　删除空行

步骤 16：根据网址中的变量，本任务需要创建"公司代码""报表年度"和"报表名称"三个参数，如图 3-6-16、图 3-6-17 所示。其中，"报表名称"参数只有三个选择，可以直接选"值列表"。

图 3-6-16　新建参数

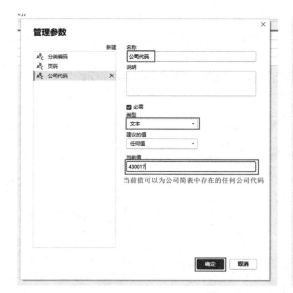

图 3-6-17　三个参数信息

步骤17：右键点击"表15"，进入"高级编辑器"，修改代码中对应的参数，如图 3-6-18、图 3-6-19 所示。

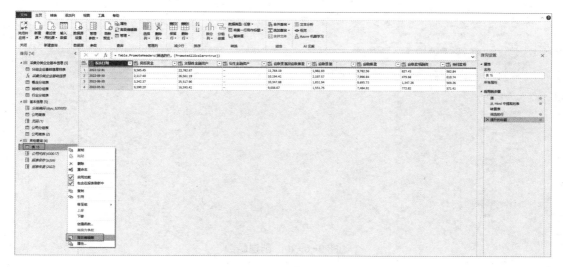

图 3-6-18　进入"高级编辑器"

图 3-6-19　修改代码中对应的参数

步骤18：右键点击"表15"，创建采集财务报表的函数，如图 3-6-20、图 3-6-21 所示。

二、采集资产负债表

资产负债表作为企业经营情况的时点表，是最能反映企业经营情况的一张表，需要通过之前采集的公司简表和报表提取函数合并使用，结合逆透视、修改数据类型、改变列字段等数据清洗的操作，完成可供后续使用的上市公司资产负债表。具体操作步骤如下。

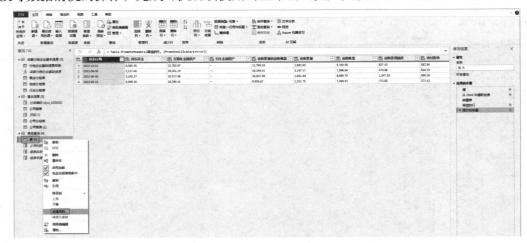

图 3-6-20　创建函数

图 3-6-21　输入函数名称

步骤 1：添加"自定义列"，方便后续调用函数，并将列展开为新行，如图 3-6-22、图 3-6-23 所示。

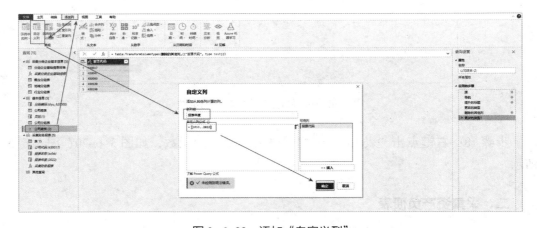

图 3-6-22　添加"自定义列"

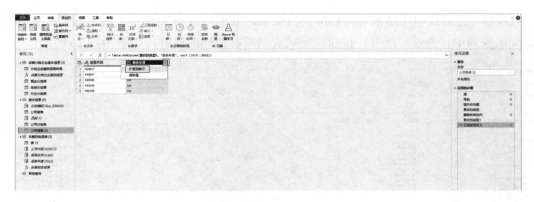

图 3-6-23　展开列

步骤 2：将"报表年度"列改为"文本"格式，如图 3-6-24 所示。

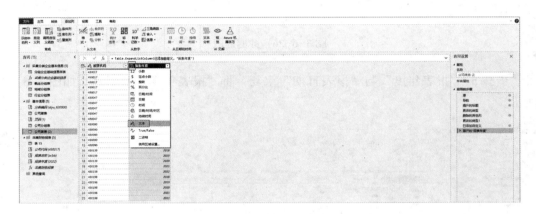

图 3-6-24　修改数据格式

步骤 3：在股票代码的基础上，使用"调用自定义函数"，新列名与调用函数保持一致，首先提取资产负债表（zcfzb）数据，如图 3-6-25 所示。

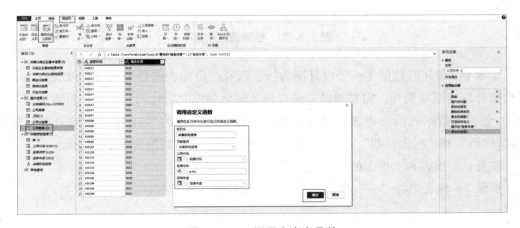

图 3-6-25　调用自定义函数

步骤4：函数调用结束后，软件会将提取的数据以表格（Table）的形式储存在该自定义函数列中，通过"展开"按钮，完成表格所有数据的提取，如图3-6-26所示。

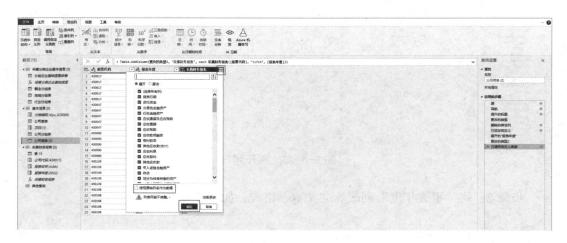

图3-6-26 数据提取

步骤5："报表年度"与"报表日期"重复，将"报表年度"列删除，如图3-6-27所示。

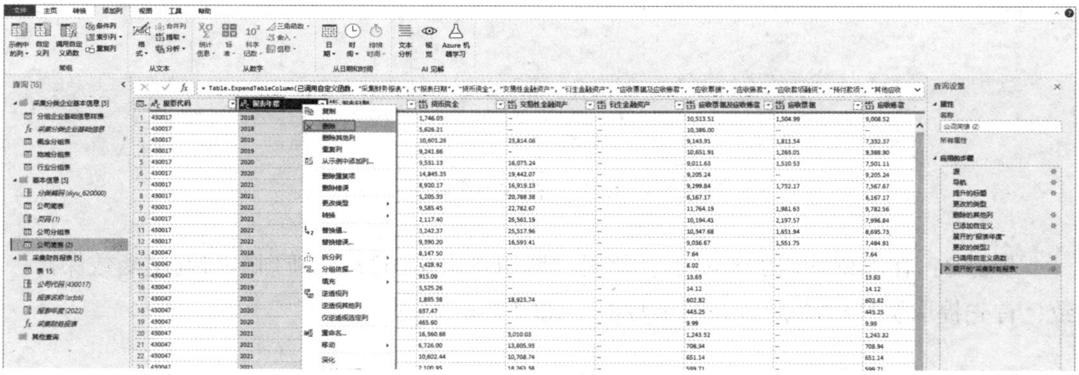

图3-6-27 删除重复数据

步骤6：展开的数据为一个以日期为行、以资产负债表项目为列的二维表，为了后续数据分析的顺利展开，需要通过逆透视将其转化为以股票代码、日期、报表项目（属性）、金额为数据列的一维表。具体操作时，按住键盘中的Shift键或者Ctrl键，选中"股票代码"和"报告日期"，右键选择"逆透视其他列"，如图3-6-28所示。

注意：一维表和二维表的转化是数据分析的关键。

步骤7：将表中的"—"改为"0"，即改成数值，如图3-6-29所示。

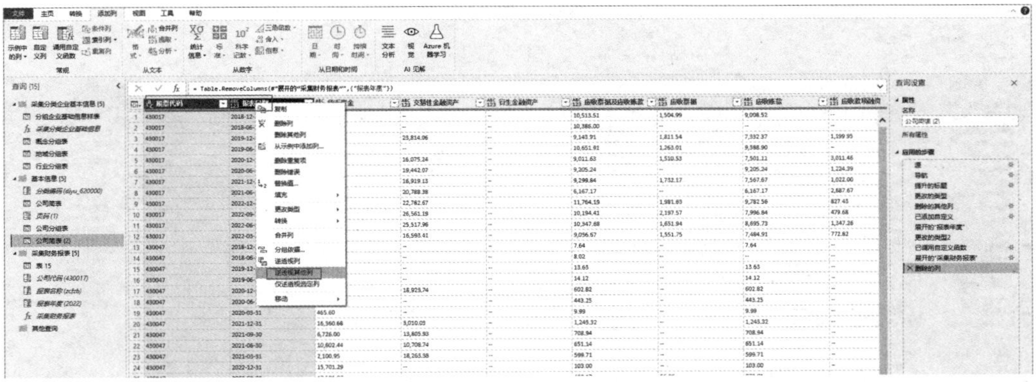

图 3-6-28　逆透视其他列

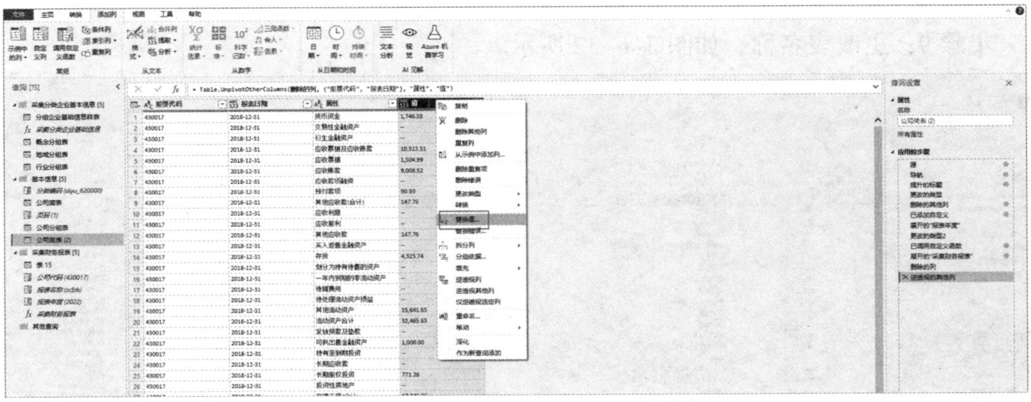

图 3-6-29　替换空值

步骤 8：为后期创建度量值之便，在数据清洗阶段，需要按照数据内容将数据列修改为正确的数据类型，包括将"值"列的数据类型更改为"定点小数"，将报表项目的"属性"列的数据类型更改为"文本"，如图 3-6-30、图 3-6-31 所示。

图 3-6-30　修改数据类型（1）

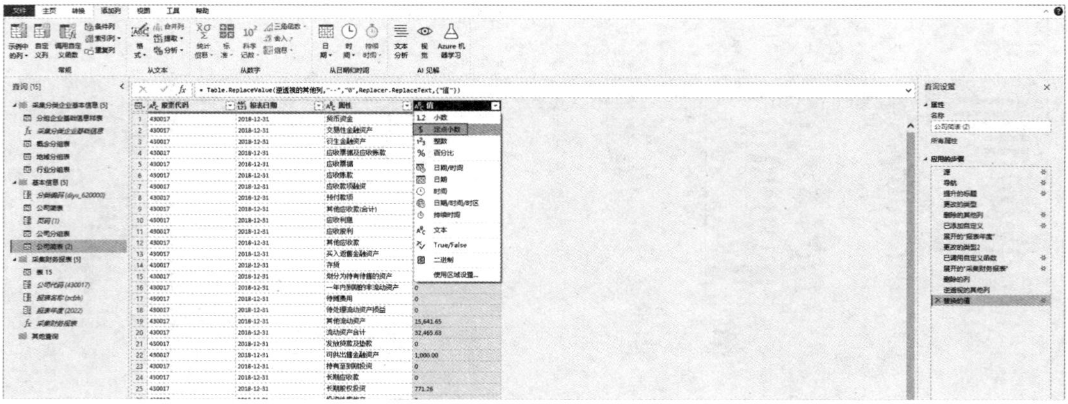

图 3-6-31　修改数据类型（2）

步骤 9：更改表名称，如图 3-6-32 所示。

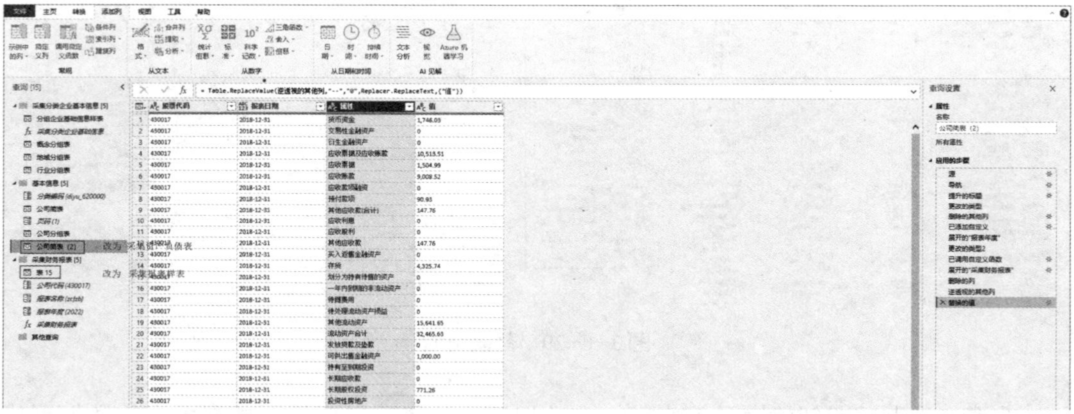

图 3-6-32　更改表名称

至此，完成资产负债表数据的提取。

三、采集利润表

利润表是反映企业在一定会计期间经营成果的报表。由于它反映的是某一期间的情况，所以又被称为动态报表。其数据获取与资产负债表类似，需要通过之前采集的公司简表和报表提取函数合并使用，结合逆透视、修改数据类型、改变列字段名称等数据清洗的操作完成可供后续使用的上市公司利润表。具体操作如下。

步骤 1：引用公司简表，右键点击"公司简表"，获取一份新的包含所有公司股票代码的表，如图 3-6-33 所示。

图 3-6-33　引用公司简表

步骤 2："选中股票代码"列，右键选择"删除其他列"，如图 3-6-34 所示。

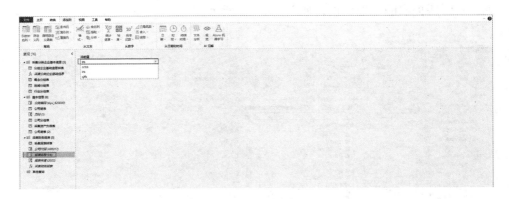

图 3-6-34　删除其他列

步骤 3：将报表名称参数的默认值改为"lrb"，如图 3-6-35 所示。

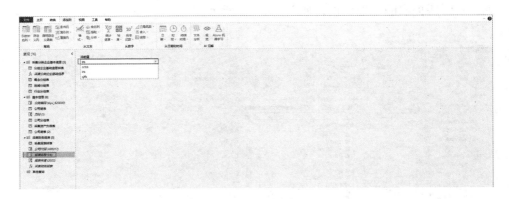

图 3-6-35　修改参数默认值

步骤 4：添加"自定义列"，并将其展开为新行，如图 3-6-36 所示。

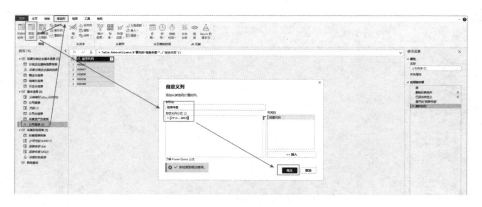

图 3-6-36 添加自定义列

步骤 5：通过"调用自定义函数"，调用与"股票代码"一一对应的企业利润表数据，如图 3-6-37 所示。

图 3-6-37 调用自定义函数

步骤 6：调用成功的利润表以表格数据（Table）的形式存储在提取数据列中，通过展开列，获得所提取的全部数据，如图 3-6-38 所示。

图 3-6-38 展开数据

步骤 7："报表年度"与"报表日期"重复，将"报表年度"列删除，如图 3-6-39 所示。

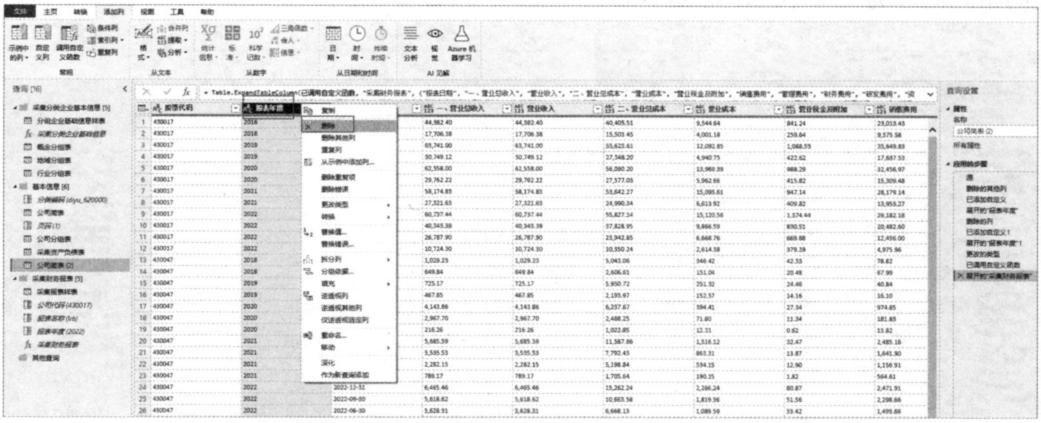

图 3-6-39　删除重复数据

步骤 8：按住 Shift 键，选中"股票代码"和"报告日期"，右键选择"逆透视其他列"，将多列利润表项目及数值转变成"属性"和"值"两列，如图 3-6-40 所示。

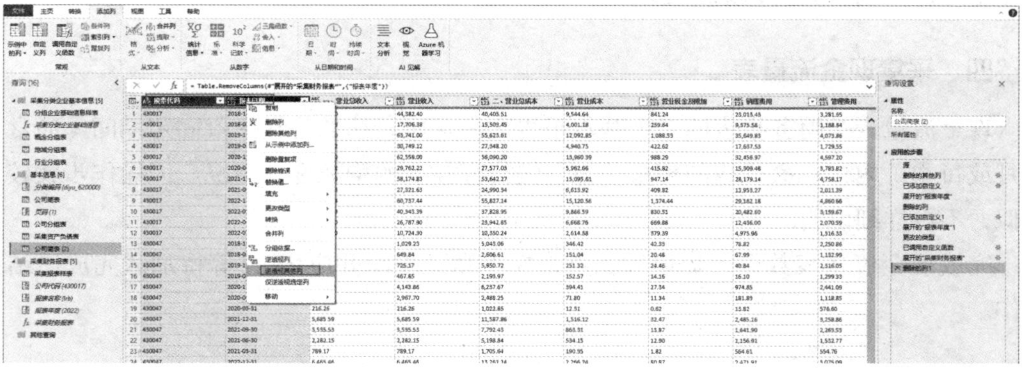

图 3-6-40　逆透视其他列

步骤 9：将表中的"—"改为"0"，如图 3-6-41 所示。

图 3-6-41　替换空值

步骤 10：为后期创建度量值之便，在数据清洗阶段，需要按照数据内容将数据列修改为正确的数据类型，包括将"值"列的数据类型更改为"定点小数"，这里"属性"列的格式已经为"文本"的话则不需要修改，如图 3-6-42 所示。

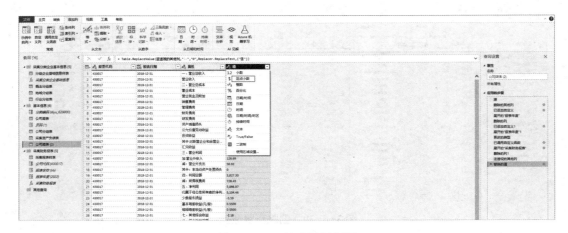

图 3-6-42　修改数据类型

步骤 11：这里再将公司简表（2）改为采集利润表。

至此，完成利润表数据的提取。

四、采集现金流量表

现金流量表是财务报表的三个基本报告之一，所表达的是在一段固定期间（通常是每月或每季）内，一家机构的现金（包含银行存款）的增减变动情况。因操作步骤较为类似，不再详细说明。

完成现金流量表数据的提取后，点击左上角"关闭并应用"，等待加载完成后结束操作。

任务 7　创建数据仓库和关系模型的实践任务

📖**任务描述**

视频资源

一、任务目标

本任务是数据处理的最后一个实践任务，通过将 Power Query 中清洗好的数据导出来创建一个数据仓库，进而实现数据的永久保留和实时调用。因爬虫参数均与融智财经大数据仿真平台的数据库进行实时关联，每次打开 Power BI 都会对网站进行上亿次的访问，上市公司财务报表数据的实时变动会给后期可视化的操作带来巨大困扰，数据仓库的建立则可以大大提升后期可视化中数据调用的速度，为可视化的快捷展现提供便利。

二、任务要求

（1）本项目需利用 Dax-Studio，从 Power BI 中导出公司简表、公司分组、资产负债表、利润表、现金流量表。

（2）理解辅助表的作用并创建辅助表。

（3）创建关系模型。

附件： 数据仓库与关系模型的创建的初始化文件 .rar

网址：fbda.chinaive.com

📖 任务实施

一、使用 DAX-Studio 完成数据仓库的创建

本任务采集到的大数据如果全部存放在 pbix 文件中，每次打开都要经过加载，关闭也是同理，故通过 DAX-Studio 工具将数据导出为本地 csv 文件。此部分操作与教学内容关系不大，可到"实践资源—其他"查看操作步骤并获取工具下载链接。

二、辅助表的作用与创建

要结合规范财务报表样式来创建能够辅助可视化模型建立的维度表〔主要是作为参考表，如日期表（日期、财年、周数、月数），人员信息表（人名、工号、身份证、入职时间、岗位、籍贯），产品信息表（产品 ID、产品名字、产品所属产品线、产品的量产时间等），客户信息表（客户 ID、客户名字、客户类型、客户所在省份、客户类别等）〕。这些表的特点之一是，有一些属性是位移的，如身份证、客户 ID、产品 ID 等。维度表的唯一性对于后面做关系映射至关重要。所以，在建立日期维度表之后，对于唯一性的字段，一定要使用 Excel 工具查询是否唯一，并作修改。

本任务提供所有辅助表项目和收入构成数据，具体请下载附件资料中的"财务分析辅助表"Excel 文件、"收入构成数据"csv 文件进行导入应用。

本任务创建了资产负债表 - 辅助表、利润表 - 辅助表、现金流量表 - 辅助表三个基础维度表，以便保证事实表的属性项目能够与维度表的项目列建立一对多的数据关系。在此基础上，结合报表重构的理论内容，创建能够将资产负债表和利润表进一步划分的重构表。此外，还需进一步创建按照营收规模（小于 10 亿、10 亿～ 50 亿、50 亿～ 100亿、大于 100 亿）分类的营收分类对照表、计算单位换算对照表、近两年和近三年变动数据指标变动状态的描述对照表。此外，为杜邦分析及企业经营能力分析创建财务指标

计算对照表。

以上对照表的创建需要全面了解任务意图及财务报表结构项目后方可完成，具体如图 3–7–1 至图 3–7–10 所示。

	A	F	G	H	I	J	K	L	M	N	O
1	项目	大类顺序	类别	类别顺序	重构大类	重构大类顺序	重构明细	重构明细顺序	总表序号	总表名称	特殊标识
2	货币资金	1	流动资产	1	投资性资产	2	短期投资性资产	3	1	1货币资金	速动资产
3	结算备付金	1	流动资产	1	投资性资产	2	短期投资性资产	3	2	2结算备付金	
4	拆出资金	1	流动资产	1	投资性资产	2	短期投资性资产	3	3	3拆出资金	
5	交易性金融资产	1	流动资产	1	投资性资产	2	短期投资性资产	3	4	4交易性金融资产	速动资产
6	衍生金融资产	1	流动资产	1	投资性资产	2	短期投资性资产	3	5	5衍生金融资产	
7	应收票据	1	流动资产	1	经营性资产	1	短期经营性资产	1	6	6应收票据	速动资产
8	应收账款	1	流动资产	1	经营性资产	1	短期经营性资产	1	7	7应收账款	速动资产
9	预付款项	1	流动资产	1	经营性资产	1	短期经营性资产	1	8	8预付款项	
10	应收保费	1	流动资产	1	经营性资产	1	短期经营性资产	1	9	9应收保费	
11	应收分保账款	1	流动资产	1	经营性资产	1	短期经营性资产	1	10	10应收分保账款	
12	应收分保合同准备金	1	流动资产	1	经营性资产	1	短期经营性资产	1	11	11应收分保合同准备金	
13	应收利息	1	流动资产	1	投资性资产	2	短期投资性资产	3	12	12应收利息	
14	应收股利	1	流动资产	1	投资性资产	2	短期投资性资产	3	13	13应收股利	
15	其他应收款	1	流动资产	1	经营性资产	1	短期经营性资产	1	14	14其他应收款	速动资产
16	应收出口退税	1	流动资产	1	经营性资	1	短期经营	1	15	15应收出	

计算单位 营收分类 近两年变动 近三年变动 资产负债表-辅助表 利润表-辅助表 现金流量-辅助表 报表选择 利润表重构汇总 财务指标 占比分母

图 3–7–1　资产负债表 - 辅助表

	A	B	C	D	E	F	G	H
1	项目	序号	项目名称	分类	分类序号	方向	总表序号	总表名称
2	**营业总收入**	1	**一、营业总收入**				111	111营业总收入
3	营业收入	2	营业收入	营业收入	1	1	112	112营业收入
4	利息收入	3	利息收入	营业收入	1	1	113	113利息收入
5	已赚保费	4	已赚保费	营业收入	1	1	114	114已赚保费
6	手续费及佣金收入	5	手续费及佣金收入	营业收入	1	1	115	115手续费及佣金收入
7	房地产销售收入	6	房地产销售收入	营业收入	1	1	116	116房地产销售收入
8	其他业务收入	7	其他业务收入	营业收入	1	1	117	117其他业务收入
9	**营业总成本**	8	**二、营业总成本**				118	118营业总成本
10	营业成本	9	营业成本	营业成本	3	-1	119	119营业成本
11	利息支出	10	利息支出	营业成本	3	-1	120	120利息支出
12	手续费及佣金支出	11	手续费及佣金支出	营业成本	3	-1	121	121手续费及佣金支出
13	房地产销售成本	12	房地产销售成本	营业成本	3	-1	122	122房地产销售成本
14	研发费用	13	研发费用				123	123研发费用
15	退保金	14	退保金	营业成本	3	-1	124	124退保金
16	赔付支出净额	15	赔付支出净额	营业成本	3	-1	125	125赔付支出净额
17	提取保险合同准备金净额	16	提取保险合同准备金净额	营业成本	3	-1	126	126提取保险合同准备金净额
18	保单红利支出	17	保单红利支出	营业成本	3	-1	127	127保单红利支出
19	分保费用	18	分保费用	营业成本	3	-1	128	128分保费用
20	其他业务成本	19	其他业务成本	营业成本	3	-1	129	129其他业务成本
21	营业税金及附加	20	营业税金及附加	费用	4	-1	130	130营业税金及附加
22	销售费用	21	销售费用	费用	4	-1	131	131销售费用
23	管理费用	22	管理费用	费用	4	-1	132	132管理费用
24	财务费用	23	财务费用	费用	4	-1	133	133财务费用
25	资产减值损失	24	资产减值损失	费用	4	-1	134	134资产减值损失
26	公允价值变动收益	25	公允价值变动收益	其它收益	2	1	135	135公允价值变动收益
27	投资收益	26	投资收益	其它收益	2	1	136	136投资收益
28	对联营企业和合营企业的投资收	27	对联营企业和合营企业的投资收				137	137对联营企业和合营企业的投

图 3–7–2　利润表 - 辅助表

序号	项目名称	大类	大类顺序	类别	类别顺序	流供方向	总表序号	总表名称
1	销售商品、提供劳务收到的现金	经营活动现金流	1	经营现金流入	1	流入	156	156销售商品、提供劳务收到的现金
2	客户存款和同业存放款项净增加额	经营活动现金流	1	经营现金流入	1	流入	157	157客户存款和同业存放款项净增加额
3	向中央银行借款净增加额	经营活动现金流	1	经营现金流入	1	流入	158	158向中央银行借款净增加额
4	向其他金融机构拆入资金净增加额	经营活动现金流	1	经营现金流入	1	流入	159	159向其他金融机构拆入资金净增加额
5	收到原保险合同保费取得的现金	经营活动现金流	1	经营现金流入	1	流入	160	160收到原保险合同保费取得的现金
6	收到再保业务现金净额	经营活动现金流	1	经营现金流入	1	流入	161	161收到再保险业务现金净额
7	保户储金及投资款净增加额	经营活动现金流	1	经营现金流入	1	流入	162	162保户储金及投资款净增加额
8	处置交易性金融资产净增加额	经营活动现金流	1	经营现金流入	1	流入	163	163处置交易性金融资产净增加额
9	收取利息、手续费及佣金的现金	经营活动现金流	1	经营现金流入	1	流入	164	164收取利息、手续费及佣金的现金
10	拆入资金净增加额	经营活动现金流	1	经营现金流入	1	流入	165	165拆入资金净增加额
11	回购业务资金净增加额	经营活动现金流	1	经营现金流入	1	流入	166	166回购业务资金净增加额
12	收到的税费返还	经营活动现金流	1	经营现金流入	1	流入	167	167收到的税费返还
13	收到的其他与经营活动有关的现金	经营活动现金流	1	经营现金流入	1	流入	168	168收到的其他与经营活动有关的现金
14	经营活动现金流入小计						169	169经营活动现金流入小计
15	购买商品、接受劳务支付的现金	经营活动现金流	1	经营现金流出	2	流出	170	170购买商品、接受劳务支付的现金
16	客户贷款及垫款净增加额	经营活动现金流	1	经营现金流出	2	流出	171	171客户贷款及垫款净增加额
17	存放中央银行和同业款项净增加额	经营活动现金流	1	经营现金流出	2	流出	172	172存放中央银行和同业款项净增加额
18	支付原保险合同赔付款项的现金	经营活动现金流	1	经营现金流出	2	流出	173	173支付原保险合同赔付款项的现金
19	支付利息、手续费及佣金的现金	经营活动现金流	1	经营现金流出	2	流出	174	174支付利息、手续费及佣金的现金
20	支付保单红利的现金	经营活动现金流	1	经营现金流出	2	流出	175	175支付保单红利的现金
21	支付给职工以及为职工支付的现金	经营活动现金流	1	经营现金流出	2	流出	176	176支付给职工以及为职工支付的现金
22	支付的各项税费	经营活动现金流	1	经营现金流出	2	流出	177	177支付的各项税费
23	支付的其他与经营活动有关的现金	经营活动现金流	1	经营现金流出	2	流出	178	178支付的其他与经营活动有关的现金
24	经营活动现金流出小计						179	179经营活动现金流出小计
25	经营活动产生的现金流量净额						180	180经营活动产生的现金流量净额
26	收回投资收到的现金	投资活动现金流	2	投资现金流入	3	流入	181	181收回投资收到的现金
27	取得投资收益收到的现金	投资活动现金流	2	投资现金流入	3	流入	182	182取得投资收益收到的现金
28	处置固定资产、无形资产和其他长期资产所收回投资活动的现金净额	投资活动现金流	2	投资现金流入	3	流入	183	183处置固定资产、无形资产和其他长期资产所收回的现金净额
29	处置子公司及其他营业单位收到的现金净额	投资活动现金流	2	投资现金流入	3	流入	184	184处置子公司及其他营业单位收到的现金净额

工作表标签：计算单位　营收分类　近两年变动　近三年变动　资产负债表-辅助表　利润表-辅助表　现金流量-辅助表　报表选择　利润表重构汇总　财务指标　占比分母　分析思路

图 3-7-3　现金流量表 - 辅助表

报表顺序	报表	项目名称	序号	总表名称
1	资产类	货币资金	1	1货币资金
1	资产类	结算备付金	2	2结算备付金
1	资产类	拆出资金	3	3拆出资金
1	资产类	交易性金融资产	4	4交易性金融资产
1	资产类	衍生金融资产	5	5衍生金融资产
1	资产类	应收票据	6	6应收票据
1	资产类	应收账款	7	7应收账款
1	资产类	预付款项	8	8预付款项
1	资产类	应收保费	9	9应收保费
1	资产类	应收分保账款	10	10应收分保账款
1	资产类	应收分保合同准备金	11	11应收分保合同准备金
1	资产类	应收利息	12	12应收利息
1	资产类	应收股利	13	13应收股利
1	资产类	其他应收款	14	14其他应收款
1	资产类	应收出口退税	15	15应收出口退税
1	资产类	应收补贴款	16	16应收补贴款
1	资产类	应收保证金	17	17应收保证金
1	资产类	内部应收款	18	18内部应收款
1	资产类	买入返售金融资产	19	19买入返售金融资产
1	资产类	存货	20	20存货
1	资产类	待摊费用	21	21待摊费用
1	资产类	待处理流动资产损益	22	22待处理流动资产损益
1	资产类	一年内到期的非流动资产	23	23一年内到期的非流动资产
1	资产类	其他流动资产	24	24其他流动资产
1	资产类		25	25流动资产合计
1	资产类	发放贷款及垫款	26	26发放贷款及垫款
1	资产类	可供出售金融资产	27	27可供出售金融资产
1	资产类	持有至到期投资	28	28持有至到期投资
1	资产类	长期应收款	29	29长期应收款
1	资产类	长期股权投资	30	30长期股权投资
1	资产类	其他长期投资	31	31其他长期投资

工作表标签：营收分类　近两年变动　近三年变动　资产负债表-辅助表　利润表-辅助表　现金流量-辅助表　报表选择　利润表重构汇总　财务指标　占比分母　分析思路

图 3-7-4　报表重构项目名称

序号	单位
1	亿元
2	百万
3	万元
4	元

工作表标签：计算单位　营收分类　近两年变动　近三年变动　资产负债表-辅助表　利润表-辅助表　现金流量-辅助表　报表选择　利润表重构汇总　财务指标　占比分母

图 3-7-5　计算单位换算对照表

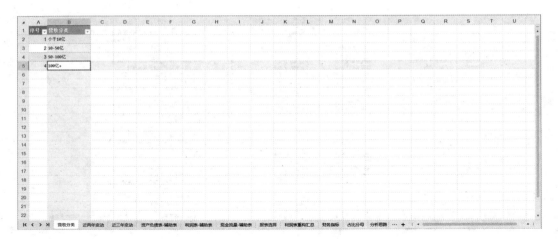

图 3-7-6　营收分类对照表

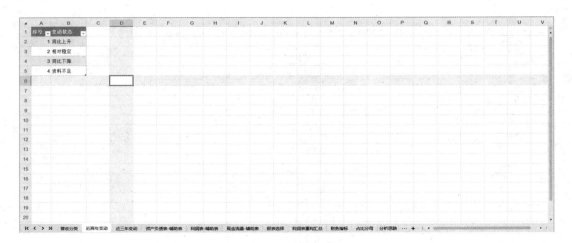

图 3-7-7　近两年变动对照表

图 3-7-8　近三年变动对照表

类别序	分析内容	指标类别	内序	公式	指标名称	简单或累计	指标过滤	主要指标	主要指标序	顺序	分析指标
7	经营质量与风险	7、偿债能力分析	1	①	长期资本(长期融资)	0				65	7 长期资本(长期融
7	经营质量与风险	7、偿债能力分析	2	②	长期资产	0				66	7 长期资产
7	经营质量与风险	7、偿债能力分析	3	③=①-②	长期资本余缺	0				67	7 长期资本余缺
7	经营质量与风险	7、偿债能力分析	4	④	营运资本	0				68	7 营运资本
7	经营质量与风险	7、偿债能力分析	5	⑤=③/④	易变现率	1	1			69	7 易变现率
7	经营质量与风险	7、偿债能力分析	6	⑥	流动比率	1	1			70	7 流动比率
7	经营质量与风险	7、偿债能力分析	7	⑦	资产负债率	1	1			71	7 资产负债率
7	经营质量与风险	7、偿债能力分析	8	⑧	利息保障倍数	1	1			72	7 利息保障倍数
7	经营质量与风险	7、偿债能力分析	9	⑨	现金流量利息保障倍数	1	1			73	7 现金流量利息保倍
7	经营质量与风险	7、偿债能力分析	10	⑩	现金流量债务比	1	1			74	7 现金流量债务比
8	其它	发展能力	1		营业收入	0				75	8 营业收入
8	其它	发展能力	2		毛利	0				76	8 毛利
8	其它	发展能力	3		毛利率	1				77	8 毛利率
8	其它	发展能力	4		营业利润	0				78	8 营业利润
8	其它	发展能力	5		净利润	0				79	8 净利润
8	其它	发展能力	6		净利润3年复合增长率	1	1			80	8 净利润3年复合增长
8	其它	发展能力	7	收入增长率 = 本期营业收入增加额/上...	营业收入增长率	1	1			81	8 收入增长率
8	其它	发展能力	8	营业利润增长率 = 本期营业利润增加额...	营业利润增长率	1	1			82	8 营业利润增长率
8	其它	发展能力	9	净利润增长率 = 本期净利润增加额/上...	净利润增长率	1	1			83	8 净利润增长率
8	其它	发展能力	10	资产增长率 = 本期资产增加额/资产期...	资产增长率	1	1			84	8 资产增长率
8	其它	发展能力	11	股东权益增长率 = 本期股东权益增加额...	股东权益增长率	1	1			85	8 股东权益增长率
9	其它	主要指标	1		营业收入			营业收入	1	86	9 营业收入
9	其它	主要指标	2		净利润			净利润	2	87	9 净利润
9	其它	主要指标	3	·	总资产			总资产	3	88	9 总资产
9	其它	主要指标	4		净资产			净资产	4	89	9 净资产
9	其它	主要指标	5		经营现金净流量			经营现金净流量	5	90	9 经营现金净流量

营收分类　近两年变动　近三年变动　资产负债表-辅助表　利润表-辅助表　现金流量-辅助表　报表选择　利润表重构汇总　**财务指标**　占比分母　分析思路

图 3-7-9　财务指标计算对照表

报表用	报表	分母序	占比分母
1 资产类		1	资产总额
2 负债类		1	资产总额
3 权益类		1	资产总额
4 收入支出		2	营业总收入
5 现金流量		3	销售商品劳务收到的现金(默认)
5 现金流量			经营现金净流量
6 现金流量附表		4	净利润(默认)
6 现金流量附表		5	经营现金净流量

营收分类　近两年变动　近三年变动　资产负债表-辅助表　利润表-辅助表　现金流量-辅助表　报表选择　利润表重构汇总　财务指标　**占比分母**　分析思路

图 3-7-10　占比分母表

三、关系模型的创建

关系模型的创建能够使维度表和事实表之间通过一根对应的关系线实现数据表的横向 扩展，从而使得数据之间可以随意调用。建立模型主要是通过功能组件 Power Pivot 完成。建立模型需要确定哪些是事实表、哪些是维度表以及表与表之间的关系等。在表与表之间的关系建立起来之后，如果业务逻辑比较复杂，通过鼠标进行简单的拖曳可能无法达到分析目的，这时就需要使用 DAX 编写度量值，从而将各业务指标表示出来。最终的关系模型如图 3-7-11 所示。

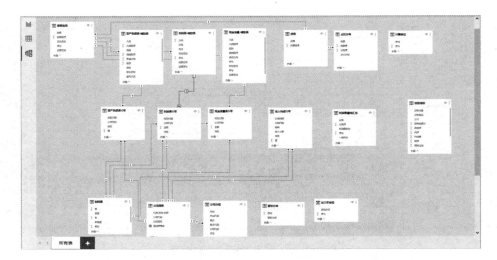

图 3-7-11 关系模型

具体的表与表之间关系对照，如图 3-7-12 至图 3-7-14 所示（搭建维度表与维度表、事实表与维度表的关联）。

图 3-7-12 表与表关系对照（1）

图 3-7-13 表与表关系对照（2）

图 3-7-14　表与表关系对照（3）

其具体操作步骤是将不同表中的不同列建立联系，分别在上下两部分选择表及其中的列，选中之后，软件会在下方的基数和交叉筛选器方向中自动填充内容。一般情况下不需要人为对这个部分进行调整，但是在这部分的可视化分析当中，公司简表和公司分组这两个表是模型关系的核心部分，在报表界面会根据不同的维度创建切片器（地域、行业、概念和营收规模等），地域等切片器是通过公司分组表的数据来实现划分的，而创建的其他图形当中，也会包含一部分以公司简表作为创建核心的图形，为了两部分的图形可以进行交互和范围上的交叉，需要公司分组和公司简表建立双向的模型关系。

在报表分析过程中，日期时间维度的分析是非常重要的，因此创建时间表。时间表是一种维度表，即时间维度表。其目的是通过日期表控制筛选多张事实表，而创建方法多种多样，可以使用时间智能函数简化 DAX 公式创建时间表，可以在 Excel 文件中创建好之后再导入 Power BI，可以在 Power Query 中创建，也可以直接用 DAX 表达式创建。下面利用 DAX 表达式创建一张时间表。

（1）在功能区中单击"建模""新建表"按钮。

（2）在编辑栏中输入以下 DAX 公式（该公式通用）：

时间表 =
VAR MinYear = YEAR（MIN（'利润表 10 年'［报告日期]））　　（最小年来自利润表中最小值）
VAR MaxYear = YEAR（MAX（'利润表 10 年'［报告日期]））
RETURN
ADDCOLUMNS（　　　　　　　　　　　　　　　　　（增加列）
  CALENDAR（date（MinYear，1，1），date（MaxYear，12，31）），

```
    "年", YEAR（[date]），                          （从 data 中提取年）
    "季", QUARTER（[date]），
    "月", MONTH（[date]），
    "季度", "Q"&QUARTER（[date]），               （方便做切片器而增加）
    "年季度", right（YEAR（[date]），2）& "Q" &QUARTER（[date]），
                                               （方便做切片器而增加）
    "年月", right（YEAR（[date]），2）*100 + MONTH（[date]）
                                               （方便做切片器而增加）
    ）
```

（3）创建表"报表"（从表"报表选择"中总结生成），后续作为切片器使用。

报表 = SUMMARIZE（'报表选择', '报表选择'[报表], '报表选择'[报表顺序]）

（4）进入模型视图，建立一对多的关系。其作用是创建一张以采集利润表的报告日期最小值为起始、最大值为终止的日期表，并将其将自然年度的 1 月 1 日至 12 月 31 日作为主要数据列，在此基础上，分解出"年""季""月""季度""年季度""年月"等数据列。

至此，数据的获取整理、数据模型的建立已经全部完成，用户可使用自己采集的数据及数据仓进行后续的大数据财务可视化分析环节，如数据采集及整理有缺项，可采用平台提供的数据仓进行后续实践任务的操作学习。

📖 知识拓展

拓展一

数据仓库，全称是 Data Warehouse，简写为 DW 或 DWH。它是一个大型的数据存储环境，基于关系型数据库，用于决策支持和数据分析。数据仓库将来自不同数据源的数据进行抽取、转换、汇总和整理，形成一个集成的、高质量的数据集合，以便进行多维分析和可视化展示。

数据仓库是一个独立的数据环境，不同于操作型数据库。数据仓库是面向主题的、集成的、稳定的、不同时间的数据集合，可以为企业所有级别的决策制定过程提供快速的数据调用反应。数据仓库能够统一数据源，实现数据的整合与共享，提高数据质量和处理效率，提高数据分析的准确性。

拓展二

报表重构

➢为什么要报表重构：现行财务报表数量众多，性质复杂，将财务报表仅以一种固定的、统一的格式对财务报表项目加以排列，虽然有一定的经济内涵，但是这种统一的

格式安排，使得财务报表只能提供相对有限的信息。财务报表作为提供企业生产经营管理信息的主要渠道，在企业诸多报表中具有极为重要的地位，它对于企业加强经营管理、促进技术进步、开拓市场、提高经济效益均有不可忽视的作用。但是财务报表自身不能够全面、详尽地反映企业全部的经济业务活动的所有方面，难以满足经济信息使用者的各种复杂需要。因此，用财务报表进行多维度、深层次的分析和预测时，需要尽可能避免或者减小财务报表缺陷所带来的不利影响。

➤报表重构的基本思路：本项目整体的思路是通过将规范报表的科目和重构报表的科目汇总并整理，建立辅助表，按照新的分类，建立所有重构科目与规范科目相对应的汇总表（对应"报表选择"Sheet 页，是所有的重构科目及其对应的规范科目的汇总），以报表选择和三个报表的辅助表建立重构科目的联系，再通过辅助表与采集财务报表主表任务中采集到的事实表，建立新旧科目数据上的联系，最后将这些事实表（资产负债表 10 年等）和时间表、公司简表等维度表建立联系，形成本项目的整体结构。

项目四　企业财务大数据综合分析

📖 项目目标

◆ 技能目标 ◆

1. 掌握财务报表表体项目的重构逻辑;

2. 掌握资产负债表、利润表、现金流量表之间的关系;

3. 掌握财务报表的核心分析指标及其创建方法;

4. 掌握财务综合分析的分析内容与分析方法。

◆ 技能目标 ◆

1. 能够使用 DAX 公式完成相关度量值的创建;

2. 能够通过对企业代码、报表年度、报表季度及金额单位进行切换,实现报表数据的交互式呈现;

3. 能够设计与创建财务报表常规分析的可视化页面,并呈现分析结果;

4. 能够基于重构后的财务报表分析项目,设计与创建财务报表重构分析的可视化页面,并呈现分析结果;

5. 能够设计与创建财务综合分析的可视化页面,包括呈现偿债能力、营运能力、盈利能力、发展能力分析结构,并能借助杜邦分析法工具进一步分析。

◆ 素质目标 ◆

1. 明确数据安全保障的重要性,树立遵守数据使用的法律法规、尊重用户隐私、保护数据安全的观念,提升数据伦理意识;

2. 建立多维度数据分析意识,增强学生的模仿能力与创造能力;

3. 通过对企业财务报表的分析,激发学生创新创业的信心与能力。

📖 思维导图

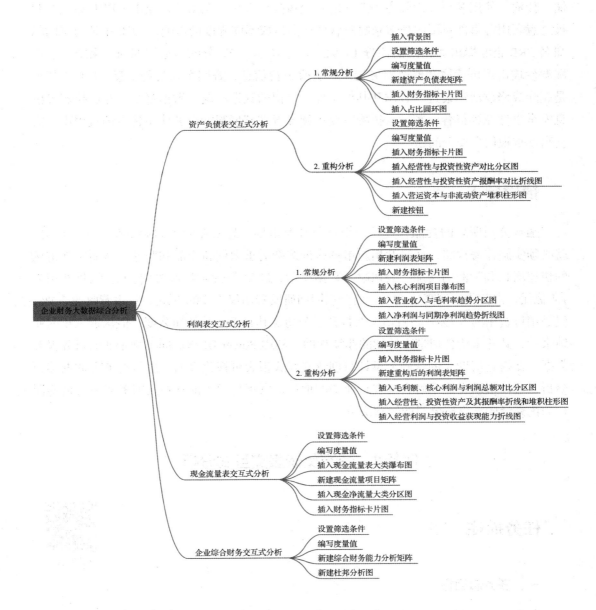

📖 思政专栏

数字经济时代，"上云用数赋智"成为主导经济发展的新动能。在此背景下，以人工智能为代表的新一代信息技术被广泛应用于财务工作，实现了对传统财务工作的模拟、延伸和拓展，智能财务的概念应运而生。智能财务体系建设改善了会计信息质量，提高了会计工作效率，降低了会计工作成本，提升了会计合规能力和价值创造力，但与此同时，新技术的应用也带来了管控困难、数据泄露等问题，使得财务信息在加工、存储、传输、使用等环节面临更为严峻的安全风险。近年，勒索病毒攻击、ERP 高危漏洞被恶意利用等事件对国内外多家财务软件厂商造成不同程度的影响，2020 年某两家国际知名 ERP 企业爆出通用漏洞评分（CVSS）达 10 分、9.8 分的高危漏洞 400 余个，这些漏洞使攻击者可读取和修改财务记录、更改银行信息、查阅个人身份信息（PII），甚至是删除或修改活动痕迹、日志和其他文件。类似的数据泄漏、数据篡改、非法控制等信息安全事件在各行各业频发，提醒着变革领导者在开展智能财务体系建设的过程中，需要高度重视信息安全问题。

📖 情境导入

　　融智公司所处的食品行业是一个竞争红海市场，想要在激烈的竞争获得先发优势，就必须实施蓝海战略，通过开拓新市场或创造新需求来创新产品和服务，从而实现市场的快速增长和利润的增加。公司财务数据显示，2023 年营业收入 2.3 亿元，销售费用为 1.4 亿元，占营收比例高达 61%；而公司同期研发费用仅为 0.08 亿元，仅占营收的 3.5%，仅是销售费用的 5.7%。高营销虽然打开了公司及其旗下产品的知名度，但从近三年的业绩来看，其并未给公司带来持续的业绩帮助。利用 Power BI 爬取同类型企业的财务报表数据，在搭建辅助表的基础上设计与创建交互式报表可视化页面，进行财务大数据综合分析，可以帮助企业了解自身在行业中的地位，发现公司当前存在的财务问题，借鉴同行的优秀经验，支持公司的经营决策。

任务 1　资产负债表交互式分析

📖 任务描述

视频资源

一、任务总目标

　　以 2010—2020 年 3 月上市公司的数据为基础，在搭建辅助表的基础上进行资产负债表交互式分析，包括资产负债表的常规分析以及基于表体项目调整后的重构分析，以了解企业财务状况的变动情况、战略发展方向等。其中，具体页面布局可根据分析需要自行设计和改造。

二、任务子目标

（1）资产负债表交互式常规分析。

（2）资产负债表交互式重构分析。

三、任务要求

通过 Power BI 的可视化分析功能进行资产负债表的常规分析以及表体项目调整后的重构分析，并实现报表数据交互式呈现。

（1）能够通过对企业代码、报表年度、报表季度及金额单位（元、万元、百万、亿元）进行选择，实现可视化数据的交互式切换。

（2）资产负债表常规分析需包含以下要素：

a. 公司资产负债表项目期初、期末数据及其数据变化情况；

b. 资产、负债、所有者权益占比分析；

c. 流动与非流动资产占比分析；

d. 流动与非流动负债占比分析；

e. 资产负债率、流动比率、产权比率、速动比率数值直观呈现。

（3）资产负债表重构分析需包含以下要素：

a. 经营性资产、投资性资产、经营性负债、金融性负债、母公司股东入资资源、母公司股东留剩资源、长期资产、长期资本指标数值的直观呈现；

b. 资源配置战略下的经营性资产与投资性资产数据变化趋势对比分析；

c. 资源配置效率下的经营性资产报酬率与投资性资产报酬率变化趋势对比分析；

d. 战略发展方向下的营运资本、长期经营性资产、长期投资性资产数据变化趋势对比分析。

注意：由于金融业企业财务报表比较特殊，故进行财务大数据分析时，不建议选择金融业企业。

附件： 资产负债表交互式分析的初始化文件 .pbix

网址：fbda.chinaive.com

📖 任务实施

一、子任务 1：资产负债表交互式常规分析

资产负债表常规分析侧重于展现资产负债表列示的各项目、部分项目比重以及常用的分析比率，如资产负债率等，体现了企业业务变化对不同项目的影响。

资产负债表常规分析可视化总览如图 4-1-1 所示。具体页面布局可根据分析需要自

行设计和改造。

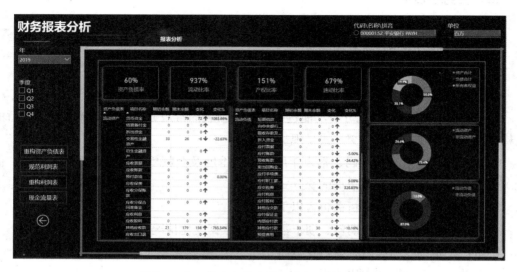

图 4-1-1　资产负债表常规分析可视化总览

（一）插入背景图

由于操作附件可视化界面中已插入背景图，故本操作不作要求，可根据个人喜好插入画布背景或壁纸。

步骤 1：插入画布背景或壁纸。下面以插入画布背景为例进行演示，具体如图4-1-2 所示。

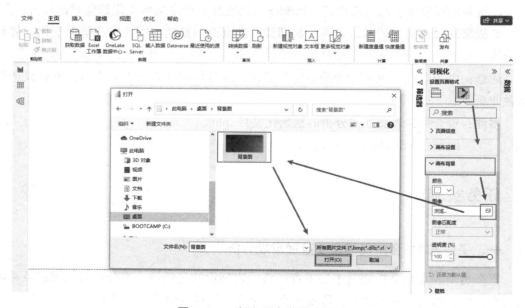

图 4-1-2　插入画布背景或壁纸

步骤 2：调整图像相关参数，具体如图 4-1-3 所示。

图 4-1-3　调整图像相关参数

（二）设置筛选条件

呈现上市公司的资产负债表数据需要多重筛选定位条件，故创建"代码\名称\拼音""单位""年份"和"季度"四个切片器，以供筛选。

步骤 1：插入视觉对象切片器，将"公司简表"中的"代码\名称\拼音"列拖拽至"字段"项目中，在默认效果的基础上，打开格式设置界面，打开"切片器设置"的单项选择功能，避免在切片器中因勾选多家公司而导致数据的无意义累加。进一步打开"切片器标头""边框""值"等选项，并进行相关格式设置，具体如图 4-1-4 所示。设置后可选择相应的分析对象，如"000002.SZ 万科 A WKA"。

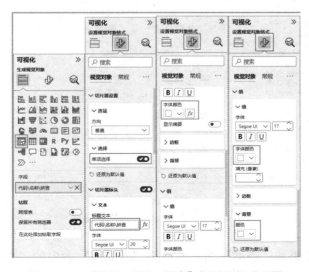

图 4-1-4　"代码\名称\拼音"切片器格式设置

步骤2：按照上述步骤，再添加"单位"切片器。将"计算单位"表中的"单位"列拖拽至切片器"字段"项目，并进行格式设置，具体如图4-1-5所示。例如，可选择"百万"作为可视化对象分析单位。

图4-1-5 "单位"切片器格式设置

步骤3：继续按照上述步骤，添加"年"切片器。将"时间表"表中的"年"列拖拽至切片器"字段"项目中，将该切片器样式设置为"下拉"形式，并进行格式调整。具体如图4-1-6所示。

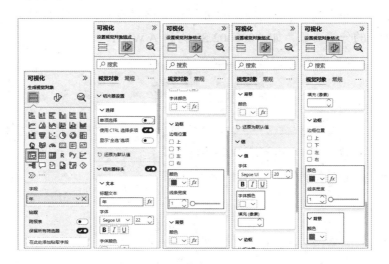

图4-1-6 "年"切片器格式设置

步骤4：进一步添加"季度"切片器。将"时间表"表中的"季度"列拖拽至切片器"字段"项目中。考虑到只存在四个季度且在财务分析时需要半年度数据等情况，故要求其以列表形式呈现，并能够多项选择，具体设置如图 4-1-7 所示。

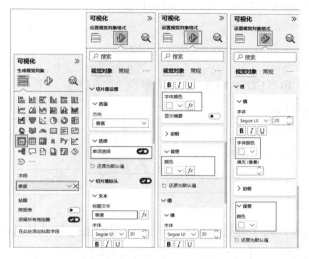

图 4-1-7　"季度"切片器格式设置

（三）编写度量值

资产负债表的金额是时点数，在编写度量值时需考虑数据的时间节点，如期初、期末等。另外，为方便排序，对每个度量值进行编码。

注意：在创建度量值时，如果涉及比率、占比等百分比数据，应在功能区设置该度量值格式为百分比类型，并保留两位小数，操作如图 4-1-8 所示。

图 4-1-8　度量值格式设置

步骤 1：创建一个存放资产负债表规范分析度量值的管理表，以便查找。在上方功能区执行"主页→输入数据"，将该表命名为"1 规范资产负债表度量值"。

注意：当前度量值表（1 规范资产负债表度量值）如已成功创建需要使用的度量值，右键表内"列 1"字段选择"在模型中删除"，后续任务此步骤操作相同，不再赘述。

步骤 2：在功能区中单击"建模"菜单，点击"新建度量值"按钮。

步骤 3：依次创建度量值。

（1）计算单位

由于获取的财务报表数据以万元为金额单位，为了能通过切片器实现金额单位换算，故建立本度量值，能够根据"计算单位"表中的"单位"字段的值来返回一个特定的数值，即当使用单位切片器切换显示金额单位时，能够返回计算所需的除数，如将万元换算至百万元，则除数为 100，此时需返回该数。

表达式如下：

```
1001 计算单位 =
SWITCH（SELECTEDVALUE（'计算单位'[单位]），
    "元"，0.0001，
    "百万"，100，
    "亿元"，10000，
    1
)
```

SELECTEDVALUE 属于筛选类函数，作用为返回通过筛选器选择的数据。

SELECTEDVALUE（'计算单位'[单位]）：该函数返回当前上下文中"计算单位"表中"单位"字段的单一值。

SWITH 函数表示根据条件值输出结果数据，该函数能够按顺序检查每个条件，并返回与第一个匹配条件对应的值，如果没有条件匹配，则返回 SWITCH 函数中作为默认值的最后一个参数。

SWITCH（SELECTEDVALUE（'计算单位'[单位]），……）：指该函数会检查"单位"字段的值，并根据以下规则返回对应的数值：

如果"单位"字段的值是"元"，返回 0.0001；

如果"单位"字段的值是"百万"，返回 100；

如果"单位"字段的值是"亿元"，返回 10000；

如果"单位"字段的值不是上述任何一个，返回默认值 1。

（2）资产负债表小计

根据切片器选择的时间跨度以及公司代码，该度量值能计算出该时间段内该公司"资产负债表 10 年"表中"值"列的合计，在此基础上根据金额单位切片器选择结果进行金额单位换算。

表达式如下：

1000 资产负债表小计 = SUM（'资产负债表 10 年'[值]）/[1001 计算单位]

SUM（'资产负债表 10 年'[值]）：对"资产负债表 10 年"表中"值"列的所有值进行求和，并返回这些数值的总和。

/[1001 计算单位]：将 SUM 函数返回结果除以[1001 计算单位]度量值返回结果，即将 SUM 函数返回结果按金额单位切片器选择结果进行金额单位换算。

（3）资产合计

由于"1000 资产负债小计"度量值无法按资产负债表日单独输出资产合计数值，需将该结果进一步进行筛选。故建立本度量值，能够根据时间切片器输出该时间段最后一日的"资产总计"项目金额。

表达式如下：

> 1100 资产合计 = CALCULATE（[1000 资产负债表小计]，
> '资产负债表 10 年' [属性] = " 资产总计 "，
> FILTER（ALL（'时间表'），'时间表' [Date] = max（'资产负债表 10 年' [报告日期]）））

CALCULATE 函数用于根据指定的筛选条件输出度量值"01 00 资产负债小计"的结果，在该函数中有两个筛选条件，具体如下。

筛选条件 1：'资产负债表 10 年' [属性] = " 资产总计 "

该筛选条件筛选出"资产负债表 10 年"表中"属性"列下的值为"资产总计"的行。

筛选条件 2：FILTER（ALL（'时间表'），'时间表' [Date] = max（'资产负债表 10 年' [报告日期]）））

该筛选条件基于 FILTER 函数，目的在于筛选出在时间切片器条件下最大的资产负债表日，其中：

ALL（'时间表'）：返回"时间表"表中的所有行，不考虑任何现有的筛选器或上下文。

'时间表' [Date] = max（'资产负债表 10 年' [报告日期]）：表示筛选出"时间表"表中"Date"列下的值为"资产负债表 10 年"表中"报告日期"列下的最大值的行，以确保只考虑最近的报告日期。

后续涉及的度量值也多为该种形式，可参考该解释。

（4）流动资产

该度量值用来输出在特定条件下"流动资产合计"的项目金额。

表达式如下：

> 1101 流动资产 = CALCULATE（[1000 资产负债表小计]，
> " 资产负债表 10 年 " [属性] = " 流动资产合计 "，
> FILTER（ALL（'时间表'），'时间表' [Date] = max（'资产负债表 10 年' [报告日期]）））

（5）速动资产

表达式如下：

> 1102 速动资产 = CALCULATE（[1000 资产负债表小计],
> '资产负债表 - 辅助表'[特殊标识] = " 速动资产 "，
> FILTER（ALL（'时间表'），'时间表'[Date] = max（'资产负债表 10 年'[报
> 告日期])))

（6）货币资金

表达式如下：

> 1103 货币资金 = CALCULATE（[1000 资产负债表小计]，'资产负债表 - 辅助
> 表'[项目名称] = " 货币资金 "）

（7）应收账款

表达式如下：

> 1104 应收账款 = CALCULATE（[1000 资产负债表小计]，
> '资产负债表 - 辅助表'[项目名称] = " 应收账款 "，
> FILTER（ALL（'时间表'），'时间表'[Date] = max（'资产负债表 10 年'[报
> 告日期])))

（8）存货

表达式如下：

> 1105 存货 = CALCULATE（[1000 资产负债表小计]，
> '资产负债表 10 年'[属性] = " 存货 "，
> FILTER（ALL（'时间表'），'时间表'[Date] = max（'资产负债表 10 年'[报
> 告日期])))

（9）资产负债表最大报告日期

该度量值用来呈现在"资产负债表 10 年"表中公司出具资产负债表的最大报告日期，即在资产负债表数据值不为空情况下的最大报告日期。

表达式如下：

> 1009 资产负债表最大报告日期 =
> var a = FILTER（ALL（'资产负债表 10 年'），
> AND（not ISBLANK（'资产负债表 10 年'[值]），'资产负债表 10 年'[公司代
> 码] = VALUES（'公司简表'[公司代码]))
>)
> return
> MAXX（a，'资产负债表 10 年'[报告日期]）

上述公式使用了 DAX 中的变量 var、FILTER 函数、ALL 函数、ISBLANK 函数、VALUES 函数以及 MAXX 函数。

①定义变量 a

通过"var a ="定义一个名为 a 的变量，并将符合筛选条件的值储存在 a 之中。

②筛选条件

FILTER（ALL（'资产负债表 10 年'), ...）函数：用来筛选"资产负债表 10 年"表中的所有行。

ALL（'资产负债表 10 年'）：确保筛选时不受任何现有的上下文或筛选器的影响。

AND（not ISBLANK（'资产负债表 10 年'［值］), '资产负债表 10 年'［公司代码］= VALUES（'公司简表'［公司代码］)）：FILTER 函数的第二个参数，它定义了筛选条件，具体如下：

not ISBLANK（'资产负债表 10 年'［值］）：该筛选条件确保在"值"列中筛选出来的行不为空。

'资产负债表 10 年'［公司代码］= VALUES（'公司简表'［公司代码］）：该筛选条件确保在"公司代码"列中筛选出来的行与"公司简表"中的当前行（或上下文）的"公司代码"匹配。其中，VALUES 函数用于获取当前上下文中的值。

③返回最大日期

return MAXX（a, '资产负债表 10 年'［报告日期］）：表示使用 MAXX 函数返回变量 a 中"报告日期"列的最大值，即最近日期。

综上所述，这段公式的作用是对于"公司简表"中的当前公司（或指定的公司），在"资产负债表 10 年"表中找出所有非空"值"且与"公司代码"匹配的行，并返回这些行中"报告日期"列的最大值，即该公司在"资产负债表 10 年"中的最近报告日期。

（10）资产负债表最小报告日期

该度量值用来呈现在"资产负债表 10 年"表中公司出具资产负债表的最小报告日期，即资产负债表数据值不为空情况下的最小报告日期。

表达式如下：

```
1010 资产负债表中该公司的最早日期 = var a = FILTER（ALL（'资产负债表 10 年'),
    AND（not ISBLANK（'资产负债表 10 年'［值］), '资产负债表 10 年'［公司代码］= VALUES（'公司简表'［公司代码］)）
    )
    return
    MINX（a, '资产负债表 10 年'［报告日期］)
```

（11）平均存货

平均存货相对特殊，需要结合期初、期末时间点进行计算，并且加权的区间还不可涵盖该企业尚未出现存货的时间段，因此，需要较为复杂的嵌套条件，确定参与计算的期初、期末存货余额为所选时间范围内的期初和期末值，且不为空值，在此基础上二者之和除以 2 即为平均存货。

表达式如下：

```
1105 平均存货 =
var a = ［1105 存货］
var b = CALCULATE（［1105 存货］，
FILTER（ALL（'时间表'），year（'时间表'［Date］）= year（max（'时间表'
［Date］））–1 && MONTH（'时间表'［Date］）= 12））
var c = ［1010 资产负债表最小报告日期］
var d = CALCULATE（［1105 存货］，FILTER（ALL（'时间表'），'时间表'［Date］
=［1010 资产负债表最小报告日期］））
var e = if（（year（max（'时间表'［Date］））–1）*100+12 > = year（c）*100 +
month（c），b，d）
return
if（ISBLANK（a），BLANK（），（a+e）/2）
```

变量 *a* 存储了"1105 存货"的值。

变量 *b* 存储了计算的前一年 12 月（年末）对应的存货的值。

变量 *c* 存储了公司在"资产负债表 10 年"表中的最早报告日期。

变量 *d* 存储了最早报告日期对应的"1105 存货"度量值。

变量 *e* 表示，如果前一年 12 月晚于或等于公司最早报告日期，就是 *b*（前一年 12 月末的存货），否则就是 *d*（公司最早报告日期的存货），并将对应的结果存放于 *e* 中。例如，如果时间筛选器选择了 2010 年第四季度末，则平均存货应为 2009 年末值与 2010 年末值的平均数，但由于 2009 年早于爬取的报表时间 2010.3.31—2020.3.31，没有数据，故选择 2010.3.31 存货值作为期初数据。

返回结果如果变量 *a* 为空，则返回空值；否则返回 *a* 和 *e* 的平均值。这里假设的是平均存货是通过当前存货和某个参考日期的存货的平均值来计算的，该参考日要么是前一年 12 月，要么是"资产负债表 10 年"表中公司出具的最早报告日期。

（12）非流动资产

表达式如下：

1106 非流动资产 = CALCULATE（

[1000 资产负债表小计]，

'资产负债表 10 年'[属性] = "非流动资产合计"，

FILTER（ALL（'时间表'），'时间表'[Date] = max（'资产负债表 10 年'[报告日期]）)))

（13）负债合计

表达式如下：

1200 负债合计 = CALCULATE（[1000 资产负债表小计]，

'资产负债表 10 年'[属性] = "负债合计"，

FILTER（ALL（'时间表'），'时间表'[Date] = max（'资产负债表 10 年'[报告日期]）)))

（14）流动负债

表达式如下：

1201 流动负债 = CALCULATE（[1000 资产负债表小计]，

'资产负债表 10 年'[属性] = "流动负债合计"，

FILTER（ALL（'时间表'），'时间表'[Date] = max（'资产负债表 10 年'[报告日期]）)))

（15）应付账款

表达式如下：

1202 应付账款 = CALCULATE（[1000 资产负债表小计]，

'资产负债表 - 辅助表'[项目名称] = "应付账款"，

FILTER（ALL（'时间表'），'时间表'[Date] = max（'资产负债表 10 年'[报告日期]）)))

（16）非流动负债

表达式如下：

1203 非流动负债 = CALCULATE（[1000 资产负债表小计]，

'资产负债表 10 年'[属性] = "非流动负债合计"，

FILTER（ALL（'时间表'），'时间表'[Date] = max（'资产负债表 10 年'[报告日期]）)))

（17）所有者权益

表达式如下：

> 1300 所有者权益 = CALCULATE（［1000 资产负债表小计］,
> '资产负债表 10 年'［属性］='所有者权益（或股东权益）合计',
> FILTER（ALL（'时间表'）, '时间表'［Date］= max（'资产负债表 10 年'［报告日期］）)))

（18）负债和所有者权益（或股东权益）总计

表达式如下：

> 1400 负债和所有者权益（或股东权益）总计 =［1200 负债合计］+［1300 所有者权益］

（19）余额计算

该度量值能够根据用户选择的资产负债表项目返回相应项目的余额。

表达式如下：

> 1002 余额计算 =
> var x = SELECTEDVALUE（'资产负债表 - 辅助表'［项目］）
> return
> SWITCH（TRUE,
> x = " 流动资产合计 ", ［1101 流动资产］,
> x = " 非流动资产合计 ", ［1106 非流动资产］,
> x = " 资产总计 ", ［1100 资产合计］,
> x = " 流动负债合计 ", ［1201 流动负债］,
> x = " 非流动负债合计 ", ［1203 非流动负债］,
> x = " 负债合计 ", ［1200 负债合计］,
> x = " 所有者权益（或股东权益）合计 ", ［1300 所有者权益］,
> x = " 负债和所有者权益（或股东权益）总计 ", ［1400 负债和所有者权益（或股东权益）总计］,
> CALCULATE（［1000 资产负债表小计］, '资产负债表 10 年'［属性］= x ））

①定义变量 x

var x = SELECTEDVALUE（'资产负债表 - 辅助表'［项目］）：表示变量 x 存储了在"资产负债表 - 辅助表"中选择的"项目"的值。其中，SELECTEDVALUE 函数用于获取当前上下文中的单个选定值。

②返回计算结果

return：定义 SWITCH 函数根据条件要返回的值。

③使用 SWITCH 函数

SWITCH 函数将 TRUE 作为第一个参数，意味着它会始终执行一个条件分支。SWITCH 函数的后续参数是条件与对应的返回值。

条件格式是 x = "某个值"，这里检查变量 x 是否等于特定的字符串。如果条件为真，则 SWITCH 函数返回对应的值。例如，如果 x 等于"流动资产合计"，则返回［1101 流动资产］字段的值。

④默认情况

如果 SWITCH 函数中的所有条件都不满足，它会执行最后一个参数，即 CALCULATE（［1000 资产负债表小计］, ' 资产负债表 10 年 '［属性］= x）。这部分代码计算"资产负债表小计"字段的值，但仅限于"资产负债表 10 年"中"属性"列的值等于变量 x 的行。

总的来说，该公式首先检查用户选择的"项目"是什么，然后根据这个选择返回相应的期末余额。如果用户选择的项目不是 SWITCH 函数中明确列出的任何一个，那么它会计算"资产负债小计"字段的值，但仅限于与所选项目匹配的行。

（20）期初余额

表达式如下：

```
1003 期初余额 =
var x = min（' 时间表 '［Date］）-1
return
CALCULATE（［1002 余额计算］, ' 时间表 '［Date］= x）
```

（21）期末余额

该度量值在度量值"余额计算"的基础上，增加时间条件，使资产负债表项目的余额为期末余额，即根据时间切片器选择的时间范围内的最后日期对应余额。

表达式如下：

```
1004 期末余额 =
var x = max（' 时间表 '［Date］）
return
CALCULATE（［1002 余额计算］, ' 时间表 '［Date］=x）
```

（22）现金比率

表达式如下：

```
1501 现金比率 = DIVIDE（［货币资金］, ［1201 流动负债］）
```

DIVIDE 函数表示执行除法运算，并在被 0 除时返回备用结果或 BLANK（），其中第一个参数为被除数，第二个参数为除数，第三个参数为遇到除以 0 错误时返回的数值，如果没有提供该参数，则默认值为 BLANK（）。

（23）速动比率

表达式如下：

1502 速动比率 = DIVIDE（［1102 速动资产］，［1201 流动负债］）

（24）流动比率

表达式如下：

1503 流动比率 = DIVIDE（' 规范资产负债表度量值 '［1101 流动资产］，' 规范资产负债表度量值 '［1201 流动负债］）

（25）资产负债率

表达式如下：

1504 资产负债率 = DIVIDE［1200 负债合计］/［1100 资产合计］

（26）产权比率

表达式如下：

1505 产权比率 = DIVIDE（［1200 负债合计］，［1300 所有者权益］）

（27）变化

表达式如下：

1005 变化 = ［1004 期末余额］－［1003 期初余额］

（28）变化 %

表达式如下：

1006 变化 % = DIVIDE（［1005 变化］，［1003 期初余额］）

（29）取数差异

表达式如下：

1007 取数差异 = SUMX（ALL（' 资产负债表 - 辅助表 '），［1100 资产合计］－［1200 负债合计］－［1300 所有者权益］）

SUMX（ALL（' 资产负债表 - 辅助表 '），…）：SUMX 函数是一个迭代器函数，用于对"资产负债表 - 辅助表"中的每一行执行指定的表达式，并返回这些表达式的值的总和。

①确定被运算表

ALL（'资产负债表-辅助表'）：作为 SUMX 函数中的第一个参数，表示被运算的表，确保了 SUMX 函数会在整个"资产负债表-辅助表"的上下文中执行，且不考虑任何现有的筛选器。

②进行取数差异计算

［1100 资产合计］-［1200 负债合计］-［1300 所有者权益］：作为 SUMX 函数中的第二个参数，对"资产负债表-辅助表"中的相关行进行差额计算，将"资产合计"字段的值减去"负债合计"字段的值，再减去"所有者权益"字段的值，得到了"取数差异"。

③求和

SUMX 函数将得到的每一行"取数差异"值相加，得到整个"资产负债表-辅助表"的"取数差异"总和。

如果"资产负债表"是平衡的，那么理论上"资产合计"应该等于"负债合计"加上"所有者权益"。因此，该"取数差异"计算字段的结果应该接近 0。

（30）资产负债表校验

表达式如下：

```
1008 资产负债表校验 =
SWITCH（
SELECTEDVALUE（'资产负债表-辅助表'［大类］），
"资产"，［1100 资产合计］，
"负债"，［1200 负债合计］，
"所有者权益"，［1300 所有者权益］，
"取数差异"，［1007 取数差异］，
［1100 资产合计］）
```

①使用 SWITCH 函数

SWITCH（SELECTEDVALUE（'资产负债表-辅助表'［大类］），...）：SWITCH 函数根据第一个参数"资产负债表-辅助表"中"大类"下的值返回一系列条件中匹配的值。该函数获取当前上下文中的单个选定值，这里是从"资产负债表-辅助表"的"大类"列中选择的。

②条件与返回值

"资产"，［1100 资产合计］：表示如果 SELECTEDVALUE 返回"资产"，则 SWITCH 函数返回［1100 资产合计］字段的值。

同样地，对于"负债"和"所有者权益"，SWITCH 函数分别返回［1200 负债合计］

和［1300 所有者权益］字段的值。

如果选择的“大类”是“取数差异”，则返回［1007 取数差异］字段的值，这个字段包含了之前计算出的资产与负债及所有者权益之间可能存在的差异。

③默认情况

如果 SELECTEDVALUE 返回的值不是上述任何一个（“资产”“负债”“所有者权益”或“取数差异”），则 SWITCH 函数将返回［1100 资产合计］字段的值作为默认值，以确保即使输入了无效的值，也能返回一个有意义的校验值。

在实际应用中，这个计算字段允许用户选择一个“大类”（如“资产”“负债”或“所有者权益”），然后查看相应的合计值或差异。这有助于用户快速校验资产负债表的不同部分，确保它们的值是正确的。

（四）新建资产负债表矩阵

资产负债表结构分为报告式和账户式，因此在插入矩阵时，有两种方式。

第一种方式为只插入一个矩阵，从上至下分别反映资产、负债和所有者权益项目。第二种方式为插入两个一左一右排列的矩阵，左侧矩阵反映资产项目，右侧矩阵反映负债和所有者权益项目。

考虑到我国企业采用账户式资产负债表结构，因此选择第二种方式，最终效果如图 4–1–9 所示。

资产负债表	项目名称	期初余额	期末余额	变化	变化%
流动资产	货币资金	7	79	72 ↑	1083.66%
	结算备付金	0	0	0 ↑	
	拆出资金	0	0	0 ↑	
	交易性金融...	33	26	-8 ↓	-22.63%
	衍生金融资...	0	0	0 ↑	
	应收票据	0	0	0 ↑	
	应收账款	0	0	0 ↑	
	预付款项	0	0	0 ↑	0.00%
	应收保费	0	0	0 ↑	
	应收分保账...	0	0	0 ↑	
	应收分保合...	0	0	0 ↑	
	应收利息	0	0	0 ↑	
	应收股利	0	0	0 ↑	
	其他应收款	21	179	158 ↑	765.54%
	应收出口退...	0	0	0 ↑	
	应收补贴款	0	0	0 ↑	
	应收保证金	0	0	0 ↑	
	内部应收款	0	0	0 ↑	

资产负债表	项目名称	期初余额	期末余额	变化	变化%
流动负债	短期借款	0	0	0 ↑	
	向中央银行...	0	0	0 ↑	
	吸收存款及...	0	0	0 ↑	
	拆入资金	0	0	0 ↑	
	应付票据	0	0	0 ↑	
	应付账款	6	6	0 ↓	-5.00%
	预收账款	1	1	0 ↓	-24.42%
	卖出回购金...	0	0	0 ↑	
	应付手续费...	0	0	0 ↑	
	应付职工薪...	1	1	0 ↑	9.09%
	应交税费	1	4	3 ↑	328.85%
	应付利息	0	0	0 ↑	
	应付股利	0	0	0 ↑	
	其他应交款	0	0	0 ↑	
	应付保证金	0	0	0 ↑	
	内部应付款	0	0	0 ↑	
	其他应付款	33	30	-3 ↓	-10.16%
	预提费用	0	0	0 ↑	

图 4–1–9　资产负债表矩阵

步骤 1：在可视化图表中选择插入“矩阵”，矩阵的行放入“类别”和“项目名称”，值放入“期初余额”“期末余额”“变化”和“变化 %”度量值，具体如图 4–1–10 所示。为了美观，双击行“类别”字段，将其显示名称改为“资产负债表”。

步骤 2：将矩阵的"布局和样式预设"设置为"具有对比度的交替行"，关闭矩阵的自动换行，并打开行小计，具体操作如图 4-1-11 所示。其中，字体格式与颜色变化可根据个人喜好来选择。

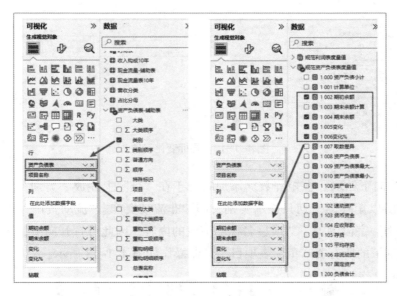

图 4-1-10　新建矩阵

图 4-1-11　设置矩阵视觉对象格式

步骤 3：为了直观反映"变化"值的方向，需对矩阵的"变化"字段进行条件格式设置，使其变化结果以图标的形态呈现。例如，如果变化值为大于 0 的数字则显示绿色上升箭头，小于 0 的数字则显示红色下降箭头，具体如图 4-1-12 所示。

图 4-1-12　图标变化设置

步骤 4：向下钻取。在矩阵数据添加时由于在"行"上先放"类别"后放"项目名称"字段，所以矩阵第一列只显示类别，即"非流动资产""流动资产"等。考虑到辅助表中"类别"字段涵盖了"项目名称"字段的内容，因此可打开向下钻取功能，用以展开每一类别下的所有资产负债表项目，具体操作如图 4-1-13 所示。

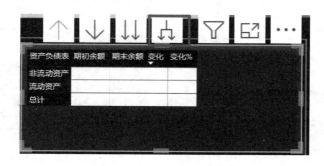

图 4-1-13　向下钻取

步骤 5：考虑到我国企业采用账户式资产负债表结构，因此复制上述矩阵，将两个矩阵进行一左一右排列。选中上方功能区，点击"视图—筛选器"，调取出筛选器界面。选中左侧矩阵，将"大类"拖拽到"此视觉对象上的筛选器"中，并选中"资产"。同样，右侧矩阵选中"负债"和"所有者权益"，具体如图 4-1-14 所示。

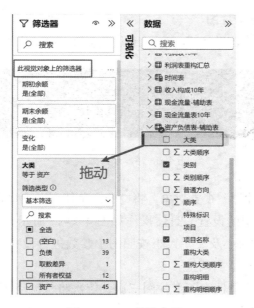

图 4-1-14　筛选大类

　　步骤 6：调整类别、项目名称顺序。矩阵中报表项目排序不符合规范，因此需调整排序。以类别排序为例，点击要编辑的矩阵，在右侧数据界面中选中"资产负债表 - 辅助表"下的"类别"后，将其设置为按"类别顺序"列排序，具体如图 4-1-15 所示。同样，将"项目名称"设置为按"顺序"列排序。

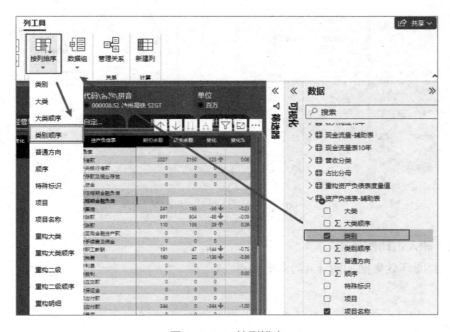

图 4-1-15　按列排序

（五）插入财务指标卡片图

需插入资产负债率、流动比率、产权比率、速动比率卡片图，如图 4-1-16 所示。

图 4-1-16　卡片效果图

步骤 1：插入"卡片图"视觉对象，将"资产负债率"度量值放置于字段中。

步骤 2：进行卡片图的设置，具体操作如图 4-1-17 所示。考虑到整个可视化页面的布局，建议卡片图的大小及文字大小按照图中参数进行设置。如果图中参数不适合，可根据个人电脑显示进行适当调整。

步骤 3：复制"资产负债率"卡片图三次，依次将"流动比率""产权比率""速动比率"度量值放置于对应卡片图"字段"中。

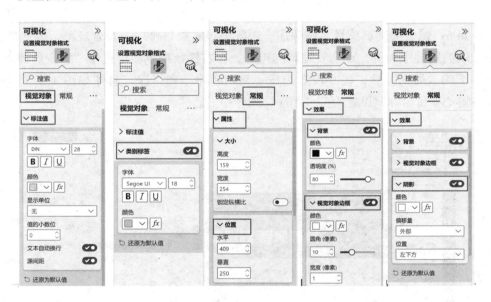

图 4-1-17　设置卡片图

（六）插入占比圆环图

插入的圆环效果图如图 4-1-18 所示。

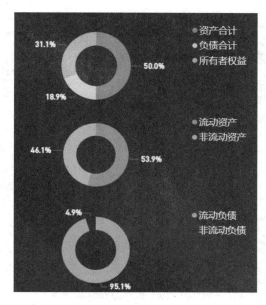

图 4-1-18 圆环效果图

步骤 1：插入"圆环图"视觉对象，将"资产合计""负债合计""所有者权益"度量值放于"值"字段中，并修改相关格式。具体操作如图 4-1-19、图 4-1-20 所示。

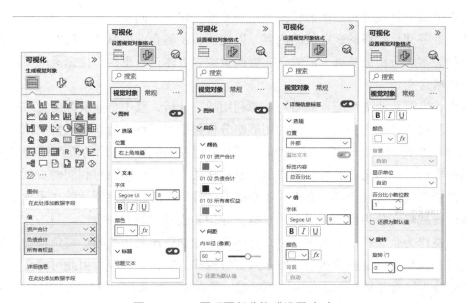

图 4-1-19 圆环图部分格式设置（1）

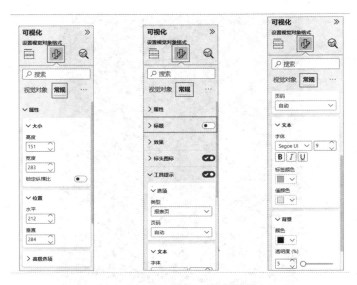

图 4-1-20　圆环图部分格式设置（2）

步骤 2：依次完成资产和负债部分占比圆环图。

二、子任务 2：资产负债表交互式重构分析

资产负债表常规分析虽然能够呈现企业业务变化对不同资产负债表项目的影响，但无法体现业务变化背后的企业战略内容，以进一步了解企业的具体发展情况。因此，在资产负债表常规分析的基础上需对企业资产负债表表体进行重构，挖掘资产负债表数字背后的战略含义。

首先，进行企业资源配置战略与资源利用战略分析，其中企业资源配置战略包括经营性资产与投资性资产分析，资源利用战略分析包括经营性负债、金融性负债、股东入资资源和股东留剩资源分析。一方面，不同的发展战略需要不同的资产结构与之相匹配，因此资产结构与企业的资源配置战略密切相关。将资产按照对利润的贡献方式重构为经营性资产和投资性资产，并进一步根据经营性资产与投资性资产的比重大小，将企业资源配置战略区分为经营主导型、投资主导型和投资与经营并重型。另一方面，负债和股东权益作为企业资产的来源渠道，能体现企业的资源利用战略。将负债和股东权益重构为经营性负债、金融性负债、股东入资资源和股东留剩资源，由此可将企业资源利用战略划分为经营驱动型、债务融资驱动型、股东驱动型及利润驱动型企业发展战略。

其次，进行资源配置效率分析，主要包括经营性资产与投资性资产报酬率分析。企业发展的过程就是资源配置战略与资源利用战略关系的协调过程，在这一过程中，资源配置效率是战略执行效果的主要体现之一。有效的资源配置可以帮助企业更好地应对市场变化、提高生产经营效率，使企业在激烈的市场竞争中脱颖而出。

最后，进行战略发展方向分析，主要包括营运资本和非流动资产分析。其中，营运

资本管理状况能够表明企业开展日常业务的能力，不仅体现了企业利用现有资源获取经营活动净现金的能力，更折射出企业现有的经营活动对于未来发展的战略支撑能力，是企业发展活力的体现。对于非流动资产，可以将其分成对外投资、经营性投资两类。对外扩张类的投资性资产体现出企业积极在地区区域或业务领域进行扩张，以谋求更大发展空间；经营性非流动资产则在很大程度上代表了企业在现有地区区域和业务领域发展的基本条件，如固定资产、在建工程和无形资产等的扩大往往意味着企业的产能在增长、生产经营条件在改善，是企业发展潜力的体现。因此，营运资本和非流动资产在整体上提供了企业发展方向的信息。

资产负债表重构分析可视化总览如图4-1-21所示，具体页面布局可根据分析需要自行设计和改造。其中，涉及年度趋势图的视觉对象需取消"年度切片器"对其的编辑交互功能。

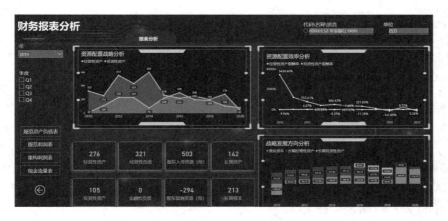

图4-1-21　资产负债表重构分析可视化总览

（一）设置筛选条件

同步"代码＼名称＼拼音""单位""年份""季度"四个切片器。由于资产负债表重构分析页面所需的筛选条件与常规分析页面相同，故可通过同步切片器实现多页共享切片器，具体操作如图4-1-22所示。

另外，也可直接复制资产负债表常规分析页面中的切片器，实现切片器同步。

（二）编写度量值

步骤1：创建一个存放重构资产负债表度量值的管理表，以便查找。在上方功能区执行"主页→输入数据"，将该表命名为"1重构资产负债表度量值"。

步骤2：在功能区中单击"建模"菜单，点击"新建度量值"按钮。

步骤3：依次创建度量值，如果涉及比率、占比等百分比数据，应在功能区设置该度量值格式为百分比类型，并保留两位小数。

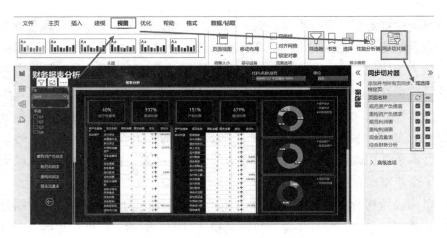

图 4-1-22 同步切片器设置

（1）营运资本

表达式如下：

> 1601 营运资本 = ［1101 流动资产］- ［1201 流动负债］

（2）经营性资产

表达式如下：

> 1602 经营性资产 =
>
> CALCULATE（
>
> ［1000 资产负债表小计］,
>
> '资产负债表 - 辅助表'［重构大类］= " 经营性资产 ",
>
> FILTER（ALL（'时间表'）, '时间表'［Date］= max（'资产负债表 10 年'［报告日期］)))

（3）长期经营性资产

表达式如下：

> 1603 长期经营性资产 =
>
> CALCULATE（
>
> ［1000 资产负债表小计］,
>
> '资产负债表 - 辅助表'［重构明细］= " 长期经营性资产 ",
>
> FILTER（ALL（'时间表'）, '时间表'［Date］= max（'资产负债表 10 年'［报告日期］)))

（4）平均经营性资产

表达式如下：

> 1604 平均经营性资产 =
>
> var a = ［1602 经营性资产］
>
> var b = CALCULATE（［1602 经营性资产］,
>
> FILTER（ALL（'时间表'）, year（'时间表'［Date］）= year（max（'时间表'［Date］））–1 && MONTH（'时间表'［Date］）=12））
>
> var c = ［1010 资产负债表最小报告日期］
>
> var d = CALCULATE（［1602 经营性资产］, FILTER（ALL（'时间表'）, '时间表'［Date］=［1010 资产负债表最小报告日期］））
>
> var e = if（（（year（max（'时间表'［Date］））–1）*100 + 12 > = year（c）*100 + month（c）, b, d）
>
> return
>
> if（ISBLANK（a）, BLANK（）,（a+e）/2）

（5）投资性资产

表达式如下：

> 1605 投资性资产 =
>
> CALCULATE（
>
> ［1000 资产负债表小计］,
>
> '资产负债表 - 辅助表'［重构大类］= "投资性资产",
>
> FILTER（ALL（'时间表'）, '时间表'［Date］= max（'资产负债表 10 年'［报告日期］））））

（6）长期投资性资产

表达式如下：

> 1606 长期投资性资产 =
>
> CALCULATE（
>
> ［1000 资产负债表小计］,
>
> '资产负债表 - 辅助表'［重构明细］= "长期投资性资产",
>
> FILTER（ALL（'时间表'）, '时间表'［Date］= max（'资产负债表 10 年'［报告日期］））））

（7）平均投资性资产

表达式如下：

1607 平均投资性资产 =

var a =〔1605 投资性资产〕

var b = CALCULATE（〔1605 投资性资产〕,

FILTER（ALL（'时间表'）, year（'时间表'〔Date〕）= year（max（'时间表'〔Date〕））–1 && MONTH（'时间表'〔Date〕）=12））

var c =〔1010 资产负债表最小报告日期〕

var d = CALCULATE（〔1605 投资性资产〕, FILTER（ALL（'时间表'）, '时间表'〔Date〕=〔1010 资产负债表最小报告日期〕））

var e = if（（（year（max（'时间表'〔Date〕）））–1）*100 + 12 >= year（c）*100 + |month（c）, b, d）

return

if（ISBLANK（a）, BLANK（）,（a+e）/2）

（8）经营性负债

表达式如下：

1608 经营性负债 =

CALCULATE（

〔1000 资产负债表小计〕,

'资产负债表 - 辅助表'〔重构大类〕=" 经营性负债 ",

FILTER（ALL（'时间表'）, '时间表'〔Date〕= max（'资产负债表 10 年'〔报告日期〕))))

（9）金融性负债

表达式如下：

1609 金融性负债 =

CALCULATE（

〔1000 资产负债表小计〕,

'资产负债表 - 辅助表'〔重构大类〕=" 金融性负债 ",

FILTER（ALL（'时间表'）, '时间表'〔Date〕= max（'资产负债表 10 年'〔报告日期〕))))

（10）短期金融性负债

表达式如下：

v1610 短期金融性负债 =

CALCULATE（

［1000 资产负债表小计］，

'资产负债表 - 辅助表'［重构明细］= " 短期金融性负债 "，

FILTER（ALL（'时间表'），'时间表'［Date］= max（'资产负债表 10 年'［报告日期］)))）

（11）长期金融性负债

表达式如下：

1611 长期金融性负债 =

CALCULATE（

［1000 资产负债表小计］，

'资产负债表 - 辅助表'［重构明细］= " 长期金融性负债 "，

FILTER（ALL（'时间表'），'时间表'［Date］= max（'资产负债表 10 年'［报告日期］)))）

（12）长期资本

表达式如下：

1612 长期资本 = ［1608 长期金融性负债］+［1300 所有者权益］

（13）股东入资资源（母公司）

表达式如下：

1613 股东入资资源（母公司）=

CALCULATE（［1000 资产负债表小计］，

'资产负债表 - 辅助表'［项目名称］= " 实收资本（或股本）"，

FILTER（ALL（'时间表'），'时间表'［Date］= max（'资产负债表 10 年'［报告日期］)))）

+

CALCULATE（［1000 资产负债表小计］，

'资产负债表 - 辅助表'［项目名称］= " 资本公积 "，

FILTER（ALL（'时间表'），'时间表'［Date］= max（'资产负债表 10 年'［报告日期］)))）

（14）股东留剩资源（母公司）

表达式如下：

1614 股东留剩资源（母公司）=
CALCULATE（[1000 资产负债表小计]，
'资产负债表 - 辅助表'[项目] = "归属于母公司股东权益合计"，
FILTER（ALL（'时间表'），'时间表'[Date] = max（'资产负债表 10 年'[报告日期])))
–
[1610 股东入资资源（母公司）]

（15）利润表小计

表达式如下：

1615 利润表小计 = SUM（'利润表 10 年'[金额])/ [1001 计算单位]

（16）营业收入

表达式如下：

1616 营业收入 = SWITCH（
SELECTEDVALUE（'公司分组'[行业]），
"综合"，CALCULATE（[1615 利润表小计]，'利润表 - 辅助表'[分类] = "营业收入"），
"金融业"，CALCULATE（[1615 利润表小计]，'利润表 - 辅助表'[分类] = "营业收入"），
CALCULATE（[1615 利润表小计]，'利润表 - 辅助表'[项目名称] = "营业收入"))

本度量值通过 SWITCH 函数中的第一个参数，即"公司分组"表下的"行业"列中的选定值来确定其计算方式。

如果行业是"综合"或"金融业"，将计算"利润表小计"度量值，但只针对那些"利润表 - 辅助表"下的"分类"为"营业收入"的行。对于其他所有行业，它将计算"利润表小计"度量值，但只针对那些"利润表 - 辅助表"下的"项目名称"为"营业收入"的行。

（17）核心利润

表达式如下：

1617 核心利润 = [1616 营业收入]
–CALCULATE（[1615 利润表小计]，'利润表 - 辅助表'[项目] = "营业成本"）
–CALCULATE（[1615 利润表小计]，'利润表 - 辅助表'[项目名称] = "财务

费用"）

　　–CALCULATE（［1615 利润表小计］，'利润表 - 辅助表'［项目名称］="管理费用"）

　　–CALCULATE（［1615 利润表小计］，'利润表 - 辅助表'［项目名称］="销售费用"）

　　–CALCULATE（［1615 利润表小计］，'利润表 - 辅助表'［项目名称］="营业税金及附加"）

　　（18）经营性资产报酬率

　　表达式如下：

1618 经营性资产报酬率 = DIVIDE（［2601 核心利润］，［1604 平均经营性资产］）

　　（19）投资性资产报酬率

1619 投资性资产报酬率 =
var a = CALCULATE（［1615 利润表小计］，'利润表 - 辅助表'［项目］="投资收益"）
+ CALCULATE（［1615 利润表小计］，'利润表重构汇总'［一级科目］="财务费用中的利息收入"）
var b = ［1607 平均投资性资产］
return
Divide（a，b）

（三）插入财务指标卡片图

　　插入"卡片图"视觉对象，显示重构后的主要指标"经营性资产""投资性资产""经营性负债""金融性负债""股东入资资源（母公司）""股东留剩资源（母公司）""长期资产"和"长期资本"，以直观显示企业资产配置重心、负债主要来源情况以及股东资源驱动等情况。

　　最终效果如图 4-1-23 所示。

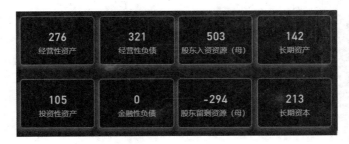

图 4-1-23　卡片效果图

（四）插入经营性与投资性资产对比分区图

插入经营性与投资性资产对比分区图，并将其命名为"资源配置战略分析"，如图 4-1-24 所示。企业通过资源配置实现战略，因此经营性资产、投资性资产与企业的资源配置战略密切相关。通过比较经营性资产与投资性资产的规模大小，可以将企业资源配置战略区分为"经营主导型""投资主导型"和"投资与经营并重型"三种类型，并通过分析经营性资产与投资性资产的变化趋势预测资源配置战略倾向。

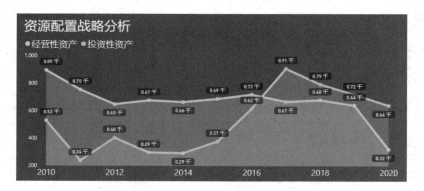

图 4-1-24　资源配置战略分析分区图

步骤 1：插入"分区图"视觉对象。

步骤 2：在 X 轴处放置"年"列，在 Y 轴处放置"经营性资产"和"投资性资产"度量值，并进行相关格式设置，具体操作如图 4-1-25、图 4-1-26 所示。

另外，由于本视觉对象涉及年度趋势分析，因此需取消"年度切片器"对其的编辑交互功能。具体操作为：选中年度切片器，点击上方功能区的"格式→编辑交互"，使其不受年度切片器选择的影响，后续操作不再赘述。

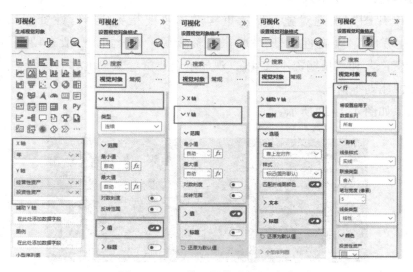

图 4-1-25　分区图格式设置（1）

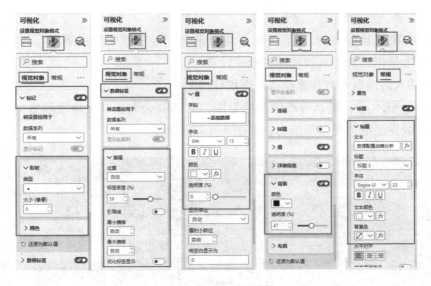

图 4-1-26　分区图格式设置（2）

（五）插入经营性与投资性资产报酬率对比折线图

资源配置是指企业根据其战略目标，将有限的企业资源在不同领域、部门或项目之间进行合理分配的过程，其配置效率是战略执行效果的主要体现之一，而经营资产报酬率与投资资产报酬率分别能反映经营资产与投资资产的盈利能力，反映资源配置效率。因此，插入经营性资产与投资性资产报酬率对比折线图，并将其命名为"资源配置效率分析"，如图 4-1-27 所示，用以分析经营性资产与投资性资产的当前配置效率及未来发展趋势。

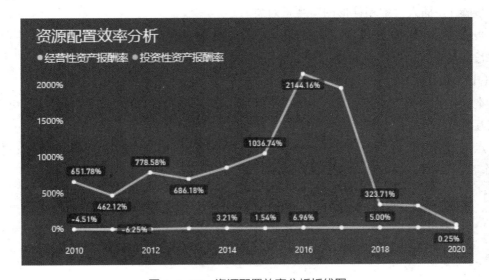

图 4-1-27　资源配置效率分析折线图

步骤 1：插入"折线图"视觉对象。

步骤 2：在 X 轴处放置"年"，在 Y 轴处放置"经营性资产报酬率"和"投资性资产报酬率"度量值，并进行折线图的相关设置。

（六）插入营运资本与非流动资产堆积柱形图

插入营运资本与非流动资产堆积柱形图，并将其命名为"战略发展方向分析"，用于评价企业的发展活力与发展潜力，如图 4-1-28 所示。

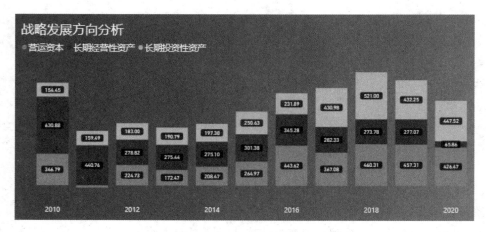

图 4-1-28　战略发展方向堆积柱形图

通过分析营运资本信息，整体评价企业利用现有资源获取经营活动净现金的能力以及企业现有的经营活动对于未来发展的战略支撑能力；通过分析长期投资性资产与长期经营性资产这两类非流动资产，评价企业对外扩张的潜力以及扩张的支撑力。

步骤 1：插入"堆积柱形图"视觉对象。

步骤 2：在 X 轴处放置"年"列，在 Y 轴处放置"营运资本""长期经营性资产"和"长期投资性资产"度量值，并对堆积图进行格式设置。

（七）新建按钮

本操作为补充知识点。为了便于导航和浏览，可在页面中插入按钮，以实现更丰富的交互方式。

点击上方功能区中的"插入→按钮"，在右侧跳出的"'格式'按钮"界面中，打开"操作"，根据需求进行类型选择，如选择"上一步"或"页导航"等。

任务 2　利润表交互式分析

视频资源

📖 任务描述

一、任务总目标

以 2010—2020 年 3 月上市公司的数据为基础，在搭建辅助表的基础上进行利润表交互式分析，包括利润表的常规分析以及基于表体项目调整后的重构分析，以了解企业利润形成和变动的因素、评价企业的利润质量等。其中，具体页面布局可根据分析需要自行设计和改造。

二、任务子目标

（1）利润表交互式常规分析。
（2）利润表交互式重构分析。

三、任务要求

通过 Power BI 的可视化分析功能，进行利润表的常规分析以及表体项目调整后的重构分析，并实现报表数据交互式呈现。

（1）能够通过对企业代码、报表年度、报表季度及金额单位（元、万元、百万、亿元）进行选择，实现可视化数据的交互式切换。

（2）常规利润表分析页面需包含以下要素：

a. 营业总收入、净利润、毛利率、净利率指标的直观展示；

b. 利润表项目本期、去年同期数据及其变化情况；

c. 核心利润项目结构分析；

d. 营业收入与毛利率趋势对比分析；

e. 净利润及同期趋势对比分析。

（3）重构利润表分析页面需包含以下要素：

a. 经营利润、金融利润、资产减值损失规模、公允价值变动占比、营业外收支净额占比指标的直观呈现；

b. 利润结构内在质量分析下的重构营业利润结构分析；

c. 利润结构内在质量分析下的毛利额、核心利润、利润总额趋势对比分析；

d. 利润结构资产增值质量分析下的经营性资产、投资性资产及其报酬率对比分析；

e. 利润结构现金获取质量分析下的经营性资产与投资性资产获现能力分析。

注意：由于金融业企业财务报表比较特殊，故进行财务大数据分析时，不建议选择金融业企业。

附件：利润表交互式分析的初始化文件 .pbix

网址：fbda.chinaive.com

📖 任务实施

一、子任务 1：利润表交互式常规分析

利润表交互式常规分析侧重于展示利润表列示的各个项目、项目比重以及常用的分析比率，如毛利率、净利率等。

利润表交互式常规分析可视化总览如图 4-2-1 所示。具体页面布局可根据分析需要自行设计和改造。其涉及的年度趋势图的视觉对象需取消"年度切片器"对其的编辑交互功能。

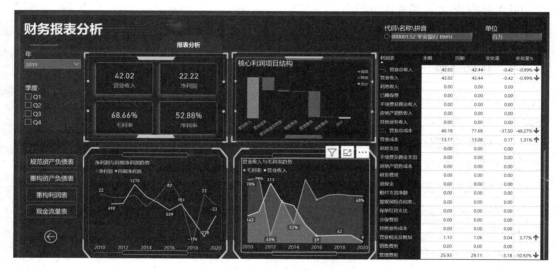

图 4-2-1　利润表交互式常规分析可视化总览

（一）设置筛选条件

与资产负债表分析页面相同，利润表分析页面也需要创建"年""季度""代码\名称\拼音"和"单位"切片器。为了节省步骤，可直接复制资产负债表分析页面中的切片器，也可通过点击上方功能区"视图→同步切片器"进行切片器的同步。需注意的是，由于查看利润表和资产负债表分析页面时并不一定要求筛选条件相同，因此在复制切片器时需要单击"不同步"，或者在同步切片器页面中不进行"同步"勾选设置。如果选中"同步"，则意味着资产负债表分析页面中切片器的筛选条件也会影响利润表分析页面。

（二）编写度量值

由于利润表反映的是企业在某段期间内的经营成果，而非某一时点的财务状况，因此在编写相关度量值时，除了关注当月数据外，一般还会关注累计数据。此外，由于利润表的收入类项目与费用类项目对利润的影响方向相反，故在编写度量值时要注意区分影响方向。

步骤1：创建一个存放规范利润表度量值的管理表，以便查找。在上方功能区执行"主页→输入数据"，将该表命名为"2规范利润表度量值"。

步骤2：在功能区中单击"建模"菜单，点击"新建度量值"按钮。

步骤3：依次创建度量值，如果涉及比率、占比等百分比数据，应在功能区设置该度量值格式为百分比类型，并保留两位小数。

（1）利润表小计

表达式如下：

> 2000 利润表小计 = SUM（'利润表 10 年'［金额］）/［1001 计算单位］

（2）营业收入

表达式如下：

> 2101 营业收入 = SWITCH（
> SELECTEDVALUE（'公司分组'［行业］），
> "综合"，CALCULATE（［2000 利润表小计］，'利润表 - 辅助表'［分类］= "营业收入"），
> "金融业"，CALCULATE（［2000 利润表小计］，'利润表 - 辅助表'［分类］= "营业收入"），
> CALCULATE（［2000 利润表小计］，'利润表 - 辅助表'［项目名称］= "营业收入"））

（3）营业成本

表达式如下：

> 2201 营业成本 = CALCULATE（［2000 利润表小计］，'利润表 - 辅助表'［分类］= "营业成本"）

（4）营业税金及附加

表达式如下：

> 2202 营业税金及附加 = CALCULATE（［2000 利润表小计］，'利润表 - 辅助表'［项目名称］= "营业税金及附加"）

（5）销售费用

表达式如下：

> 2203 销售费用 = CALCULATE（[2000 利润表小计]，'利润表 - 辅助表'[项目名称] = "销售费用"）

（6）管理费用

表达式如下：

> 2204 管理费用 = CALCULATE（[2000 利润表小计]，'利润表 - 辅助表'[项目名称] = "管理费用"）

（7）研发费用

表达式如下：

> 2205 研发费用 = CALCULATE（[2000 利润表小计]，'利润表 - 辅助表'[项目名称] = "研发费用"）

（8）财务费用

表达式如下：

> 2206 财务费用 = CALCULATE（[2000 利润表小计]，'利润表 - 辅助表'[项目名称] = "财务费用"）

（9）资产处置收益

表达式如下：

> 2208 资产处置收益 = CALCULATE（[2000 利润表小计]，'利润表 - 辅助表'[项目名称] = "资产处置收益"）

（10）资产减值损失

表达式如下：

> 2209 资产减值损失 = CALCULATE（[2000 利润表小计]，'利润表 - 辅助表'[项目名称] = "资产减值损失"）

（11）公允价值变动

表达式如下：

> 2210 公允价值变动 = CALCULATE（[2000 利润表小计]，'利润表 - 辅助表'[项目名称] = "公允价值变动收益"）

（12）营业利润

表达式如下：

2301 营业利润 = CALCULATE（[2000 利润表小计]，'利润表 - 辅助表'[项目]="营业利润"）

（13）营业外收入

表达式如下：

2302 营业外收入 = CALCULATE（[2000 利润表小计]，'利润表 - 辅助表'[项目名称]="营业外收入"）

（14）营业外支出

表达式如下：

2303 营业外支出 = CALCULATE（[2000 利润表小计]，'利润表 - 辅助表'[项目名称]="营业外支出"）

（15）利润总额

表达式如下：

2401 利润总额 = [2301 营业利润] + [2302 营业外收入] – [2303 营业外支出]

（16）所得税

表达式如下：

2402 所得税 = CALCULATE（[2000 利润表小计]，'利润表 - 辅助表'[项目名称]="所得税费用"）

（17）净利润

表达式如下：

2501 净利润 = [2401 利润总额] – [2402 所得税]

（18）毛利额

表达式如下：

2601 毛利额 = [2101 营业收入] – [2201 营业成本]

（19）净利率

表达式如下：

2602 净利率 = DIVIDE（[2501 净利润]，[2101 营业收入]）

（20）毛利率

表达式如下：

2603 毛利率 = DIVIDE（[2601 毛利额]，[2101 营业收入]）

（21）变化量

表达式如下：

2001 变化量 = [2000 利润表小计] – [2003 同期]

（22）变化量 %

表达式如下：

2002 变化量 % = DIVIDE（[2001 变化量]，[2003 同期]）

（23）同期

表达式如下：

2003 同期 = CALCULATE（[2000 利润表小计]，DATEADD（'时间表'[Date]，–1，YEAR））

（24）核心利润项目

表达式如下：

```
2604 核心利润项目 =
var x = SELECTEDVALUE（'利润表 - 辅助表'[项目]）
return
SWITCH（TRUE（），
x = " 营业收入 "，[2101 营业收入]，
x = " 营业成本 "，–[2201 营业成本]，
x = " 销售费用 "，–[2203 销售费用]，
x = " 管理费用 "，–[2204 管理费用]，
x = " 财务费用 "，–[2206 财务费用]，
x = " 营业税金及附加 "，–[2202 营业税金及附加]，）
```

①定义变量 x

var x = SELECTEDVALUE（'利润表 - 辅助表'[项目]）：定义了一个变量 x，该变量存储了从"利润表 - 辅助表"中选取的"项目"的值。

②返回计算的结果

return：开始返回计算的结果，具体如下。

SWITCH（TRUE（），...）：在 SWITCH 函数中将 TRUE（）作为第一个参数，意味着它会评估每一个后续条件，直到找到一个真的条件为止。一旦找到，它就会返回该条件对应的值。下面对其中两个条件及其对应的返回值进行举例。

x = " 营业收入 "，[2101 营业收入]：如果 x 的值是"营业收入"，则返回"2101 营业收入"度量值。

x = " 营业成本 "，–[2201 营业成本]：如果 x 的值是"营业成本"，则返回负的"2201 营业成本"度量值。其中，考虑到营业成本会减少利润，故用负号表示其影响利润方向。

（三）新建利润表矩阵

步骤 1：插入一个"矩阵"视觉对象，行放入"项目名称"字段，并将该字段更名为"利润表"；值放入"利润表小计""同期""变化量"和"变化量 %"度量值，并将值"利润表小计"更名为"本期"。

步骤 2：对利润表矩阵的格式进行修改设置，包括将行"项目名称"按"序号"进行排序、对"变化量 %"值进行"图标"条件格式设置等，可参考资产负债表分析矩阵设置，最终得到图 4-2-2。

（四）插入财务指标卡片图

插入财务指标卡片图，以便于直观反映"营业收入""净利润""毛利率"和"净利率"等盈利指标的情况，如图 4-2-3 所示。

（五）插入核心利润项目瀑布图

为了直观地反映核心利润项目对利润的影响方向与影响程度，插入核心利润项目结构瀑布图，如图 4-2-4 所示。

利润表	本期	同期	变化量	变化量%
一、营业总收入	42.02	42.44	-0.42	-0.99% ↓
营业收入	42.02	42.44	-0.42	-0.99% ↓
利息收入	0.00	0.00	0.00	
已赚保费	0.00	0.00	0.00	
手续费及佣金收入	0.00	0.00	0.00	
房地产销售收入	0.00	0.00	0.00	
其他业务收入	0.00	0.00	0.00	
二、营业总成本	40.18	77.68	-37.50	-48.27% ↓
营业成本	13.17	13.00	0.17	1.31% ↑
利息支出	0.00	0.00	0.00	
手续费及佣金支出	0.00	0.00	0.00	
房地产销售成本	0.00	0.00	0.00	
研发费用	0.00	0.00	0.00	
退保金	0.00	0.00	0.00	
赔付支出净额	0.00	0.00	0.00	
提取保险合同准...	0.00	0.00	0.00	
保单红利支出	0.00	0.00	0.00	
分保费用	0.00	0.00	0.00	
其他业务成本	0.00	0.00	0.00	
营业税金及附加	1.10	1.06	0.04	3.77% ↑
销售费用	0.00	0.00	0.00	
管理费用	25.93	29.11	-3.18	-10.92% ↓

图 4-2-2　利润表矩阵

图 4-2-3　插入财务指标卡片图

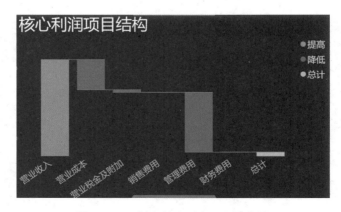

图 4-2-4　插入核心利润项目瀑布图

步骤1：插入"瀑布图"视觉对象。

步骤2：在类别处放置利润表"项目"字段，在Y轴处放入"核心利润项目"度量值，并将该瀑布图命名为"核心利润项目结构"，完成瀑布图的格式设置，具体如图4-2-5、图4-2-6所示。

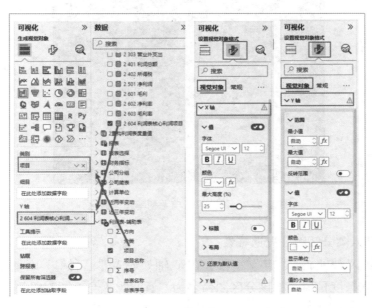

图4-2-5　瀑布图部分格式设置（1）

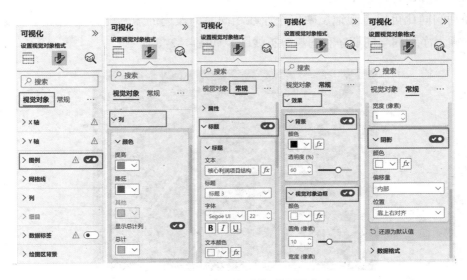

图4-2-6　瀑布图部分格式设置（2）

（六）插入营业收入与毛利率趋势分区图

毛利率是指企业在一定时期内的销售收入与成本之间的差额占销售收入的比例，它反映了企业销售产品的毛利润水平，是企业盈利能力的直接体现。通过分析营业收入和毛利率关系，可以大致了解企业产品销量和价格情况，故插入营业收入与毛利率趋势分区图，如图4-2-7所示。

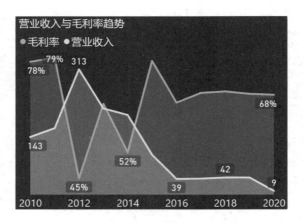

图 4-2-7　营业收入与毛利率趋势分区

步骤1：插入"分区图"视觉对象。

步骤2：在X轴处放入"年"字段，在Y轴处放入"毛利率"度量值，辅助Y轴放入"营业收入"度量值，将该分区图命名为"营业收入与毛利率趋势"，并进一步进行格式设置。

（七）插入净利润与同期净利润趋势折线图

净利润同比可以直观地反映出企业在相同时间段内的盈利能力变化以及发展趋势，因而需插入净利润与同期净利润趋势折线图，如图4-2-8所示。

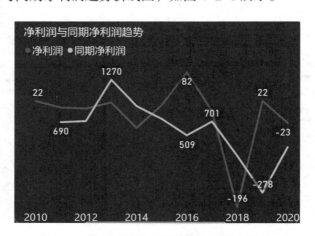

图 4-2-8　净利润与同期净利润趋势折线图

步骤1：插入"折线图"视觉对象，以展示净利润及其同期近10年的变化趋势。

步骤2：在X轴处放置"年"字段，在Y轴处放置"净利润"度量值，辅助Y轴放入"同期"度量值，将该折现图命名为"净利润与同期净利润趋势"，并进行格式设置。

步骤 3：取消编辑交互。选中年度切片器，点击上方功能区的"格式→编辑交互"，取消年度切片器对本页上的分区图、折线图的关联。

二、子任务 2：利润表交互式重构分析

利润表常规分析侧重于展示各个项目、项目比重以及常用的分析比率，但该分析结果不够全面。事实上，有些企业利润虽然看起来很可观，但却存在利润结构不合理、资产利用率低、缺少足够的现金流来支持等问题。因此，需要基于资产负债表、利润表、现金流量表的内在逻辑关系，对利润表表体项目进行重构，分析利润结构的内在质量、资产增值质量以及现金获取质量。

企业利润结构的内在质量分析是对利润自身结构的协调性进行分析与评价。在对各项费用开支的合理性等基本问题作出初步判断之后，还需要对企业自身经营活动的盈利能力、企业资产管理质量和盈余管理倾向、企业利润结构的波动性与持续性等进行分析。

利润结构的资产增值质量分析是对利润结构与资产结构的匹配性进行分析与评价。通过分析利润结构与资产结构的匹配性，可以考察企业经营资产与投资资产的相对增值质量，从而作为预测企业可持续发展潜力的重要依据。

企业利润结构的现金获取质量分析是对利润结构与对应的现金流量结构的趋同性进行分析与评价。一方面，需要对核心利润的现金获取质量进行分析，将核心利润与经营活动产生的现金净流量进行比较，揭示出企业自身经营活动产生的核心利润所获取现金的能力；另一方面，需要对投资收益的现金获取质量进行分析，将投资收益与取得投资收益所获得的现金进行比较，评价投资收益带来现金流量的能力。

利润表重构分析可视化总览如图 4-2-9 所示。具体页面布局可根据分析需要自行设计和改造。其涉及的年度趋势图的视觉对象需取消"年度切片器"对其的编辑交互功能。

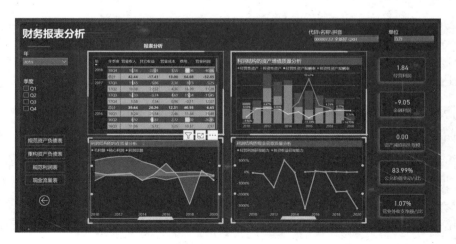

图 4-2-9　利润表重构分析可视化总览

（一）设置筛选条件

可直接复制利润表常规分析页面中的"年""季度""代码＼名称＼拼音"和"单位"切片器，也可通过点击上方功能区"视图→同步切片器"进行切片器的同步，这里不再赘述。

（二）编写度量值

步骤1：创建一个存放重构利润表度量值的管理表，以便查找。在上方功能区执行"主页→输入数据"，将该表命名为"2重构利润表度量值"。

步骤2：在功能区中单击"建模"菜单，点击"新建度量值"按钮。

步骤3：依次创建度量值，如果涉及比率、占比等百分比数据，应在功能区设置该度量值格式为百分比类型，并保留两位小数。

（1）核心利润

表达式如下：

> 2701 核心利润＝［2601 毛利额］
>
> –CALCULATE（［2000 利润表小计］,'利润表-辅助表'［项目名称］＝"财务费用"）
>
> –CALCULATE（［2000 利润表小计］,'利润表-辅助表'［项目名称］＝"管理费用"）
>
> –CALCULATE（［2000 利润表小计］,'利润表-辅助表'［项目名称］＝"销售费用"）
>
> –CALCULATE（［2000 利润表小计］,'利润表-辅助表'［项目名称］＝"营业税金及附加"）

（2）经营性资产报酬率

表达式如下：

> 2702 经营性资产报酬率＝DIVIDE（［2701 核心利润］,［1604 平均经营性资产］）

（3）当季经营资产利润率

表达式如下：

> 2703 当季经营资产利润率＝
>
> var a ＝
>
> if（LASTDATE（'时间表'［Date］）＞＝LASTDATE（ALL（'资产负债表10年'［报告日期］）），
>
> LASTDATE（ALL（'资产负债表10年'［报告日期］）），
>
> if（LASTDATE（'时间表'［Date］）in ALL（'资产负债表10年'［报告日期］），
>
> LASTDATE（'时间表'［Date］），

ENDOFQUARTER（DATEADD（LASTDATE（'时间表'［Date］），–3，MONTH））

)

)

return

CALCULATE（［2702 经营性资产报酬率］，FILTER（'时间表'，'时间表'［Date］= a ））

该度量值主要涉及时间表的筛选和资产负债表报告日期的处理。

重点在于通过 if 语句来确定 a 的值，首先检查在时间筛选器下"时间表"中的最后一个日期（LASTDATE（'时间表'［Date］））是否大于或等于"资产负债表 10 年"表中所有报告日期的最后一个日期。

如果满足条件，则 a 被赋值为"资产负债表 10 年"表中所有报告日期的最后一个日期。

如果不满足条件，则进入第二个 if 语句，检查时间筛选器下"时间表"中最后一个日期是否存在于"资产负债表 10 年"表的报告日期中，如果存在，则 a 被赋值为筛选器下"时间表"中报告日期的最后一个日期，如果不存在，为避免 a 值为空，则 a 值取筛选器下的"时间表"中的最后一个日期对应的上个季度末日期。

最后使用 return 语句，根据 CALCULATE 函数计算"时间表"中日期与 a 相匹配的条件的"经营性资产报酬率"度量值。

（4）投资性资产收益

表达式如下：

2704 投资性资产收益 = SWITCH（

SELECTEDVALUE（'公司分组'［行业］），

"综合"，CALCULATE（［2000 利润表小计］，'利润表 - 辅助表'［项目］= "投资收益"），

"金融业"，CALCULATE（［2000 利润表小计］，'利润表 - 辅助表'［项目］= "投资收益"），

CALCULATE（［2000 利润表小计］，'利润表 - 辅助表'［项目］= "投资收益"）+ CALCULATE（［2000 利润表小计］，'利润表 - 辅助表'［项目］= "利息收入"））

（5）投资性资产报酬率

表达式如下：

2705 投资性资产报酬率 =

DIVIDE（［2704 投资性资产收益］，［1607 平均投资性资产］）

（6）当季投资性资产报酬率

表达式如下：

```
2706 当季投资性资产报酬率 =
var x=1
var a =
if（ LASTDATE（'时间表'［Date］）＞=LASTDATE（ALL（'资产负债表10
年'［报告日期］）），
    LASTDATE（ALL（'资产负债表10年'［报告日期］）），
    if（LASTDATE（'时间表'［Date］）in ALL（'资产负债表10年'［报告日期］），
LASTDATE（'时间表'［Date］），ENDOFQUARTER（DATEADD（LASTDATE（'时
间表'［Date］），–3，MONTH））
    )
)
return
CALCULATE（［2705 投资性资产报酬率］，FILTER（'时间表'，'时间表'
［Date］= a））
```

（7）公允价值变动占利润总额比重

表达式如下：

```
2707 公允价值变动占利润总额比重 = DIVIDE（［2210 公允价值变动］，［2401 利
润总额］）
```

（8）营业外收支净额占利润总额比重

表达式如下：

```
2708 营业外收支净额占利润总额比重 = DIVIDE（［2302 营业外收入］–［2303
营业外支出］，［2401 利润总额］）
```

（9）现金流量小计

表达式如下：

```
2709 现金流量小计 = SUM（'现金流量表10年'［金额］）/［1001 计算单位］
```

（10）经营活动产生的现金流量净额

表达式如下：

2710 经营活动产生的现金流量净额 =
CALCULATE（[2709 现金流量小计]，'现金流量 - 辅助表'［类别］= " 经营现金流入 "）
–CALCULATE（[2709 现金流量小计]，'现金流量 - 辅助表'［类别］= " 经营现金流出 "）

（11）核心利润获现能力
表达式如下：

2711 核心利润获现能力 = DIVIDE（[2710 经营活动产生的现金流量净额]，[2701 核心利润]）

（12）取得投资收益收到的现金
表达式如下：

2712 取得投资收益所收到的现金 = CALCULATE（[2709 现金流量小计]，'现金流量 - 辅助表'［项目］= " 取得投资收益所收到的现金 "）

（13）投资收益获现能力
表达式如下：

2713 投资收益获现能力 = DIVIDE（[2712 取得投资收益所收到的现金]，[2704 投资性资产收益]）

（14）报表期间（时间段）
表达式如下：

2714 报表期间（时间段）=
var a = year（LASTDATE（ALL（'资产负债表 10 年'［报告日期］）））&" 年 "&QUARTER（LASTDATE（ALL（'资产负债表 10 年'［报告日期］）））& " 季度 "
var a 1 = year（FIRSTDATE（'时间表'［Date］））& " 年 "&QUARTER（FIRSTDATE（'时间表'［Date］））& " 季度 "
var a 2 = year（LASTDATE（'时间表'［Date］））& " 年 "&QUARTER（LASTDATE（'时间表'［Date］））& " 季度 "
var b = a1
&"–"
& if（LASTDATE（'时间表'［Date］）> = LASTDATE（ALL（'资产负债表 10 年'［报告日期］）），

```
a,
if (
LASTDATE（'时间表'［Date］）in ALL（'资产负债表 10 年'［报告日期］），a 2,
YEAR（DATEADD（LASTDATE（'时间表'［Date］），-3，MONTH））& "年 "&
QUARTER（DATEADD（LASTDATE（'时间表'［Date］），-3，MONTH））& "季度 "））
return b
```

（三）插入财务指标卡片图

插入"卡片图"视觉对象，分别放置"核心利润""投资性资产收益""资产减值损失""公允价值变动占利润总额比重"和"公允价值变动占利润总额比重"度量值，并将其分别命名为"经营利润""金融利润""资产减值损失规模""公允价值变动占比"和"营业外收支净额占比"。最终效果如图 4-2-10 所示。

该卡片图有助于利润结构的内在质量分析，以及对利润自身结构的协调性进行分析与评价。

其中，经营利润、金融利润有助于了解企业经营、投资活动的盈利能力。

资产减值损失规模能够评价企业资产管理质量和盈余管理倾向。虽然在经营活动中资产出现减值是很正常的现象，但高水平的企业管理者会适时增加优良资产，适时处置或者售出不良资产，并在整个过程中充分获取利润，实现企业资产的保值和增值。如果经常出现大规模资产减值损失，可能反映企业正在进行盈余管理，或者反映企业在债权管理、存货管理、固定资产管理和投资管理等方面存在着管理疏漏或者重大决策失误。

公允价值变动占利润总额比重的大小能够初步体现企业利润结构的波动性。由于公允价值变动损益属于未实现的资产持有损益，并不会为企业带来相应的现金流入或流出，如果此项变动引起的损益在利润总额中所占的比重过大，则在一定程度上说明企业主体经营活动的盈利能力较差，未来利润结构的波动性将会很大。

营业外收支净额占利润总额规模比重的大小可初步评价企业利润结构的持续性。营业外收支净额多数是由非流动资产处置损益以及补贴收入等一些偶尔发生的非正常损益项目引起的，通常情况下难以持久。

图 4-2-10　插入财务指标卡片图的效果

（四）新建重构后的利润表矩阵

将利润表的基本项目按照"营业收入""其他收益""营业成本""费用"和"营业利润"进行重构，并以矩阵视觉对象直观显示上述类别数据，有助于进行利润结构的内在质量分析与预测，如图 4-2-11 所示。如果需要了解具体明细，可对矩阵列开启向下钻取功能。

年	年季度	营业收入	其他收益	营业成本	费用	营业利润
2020	20Q1	8.76	-29.09	2.77	5.60	-28.31
	总计	**8.76**	**-29.09**	**2.77**	**5.60**	**-28.31**
2019	19Q1	9.24	11.36	3.03	7.08	11.75
	19Q2	11.78	1.40	3.14	5.42	4.70
	19Q3	10.05	0.28	3.36	4.97	1.41
	19Q4	10.95	12.54	3.64	9.54	22.93
	总计	**42.02**	**25.58**	**13.17**	**27.01**	**40.79**
2018	18Q1	10.70	-9.64	2.23	8.53	-9.71
	18Q2	11.69	-12.09	3.74	0.81	-4.95
	18Q3	9.87	26.33	3.48	5.38	2.87

图 4-2-11　重构后的利润项目明细表

步骤 1：插入一个"矩阵"视觉对象。

步骤 2：在"行"处先后放入"时间表"下的"年"和"年季度"字段，在"列"处先后放入"利润表 - 辅助表"下的"分类"和"项目"字段，注意字段放置顺序，在"值"处放入"利润表小计"度量值。

对"分类"字段按照"分类顺序"进行排序；对值"利润表小计"进行条件格式设置；对"行"进行向下钻取，得到各年份下的季度数据，并可根据需要对"列"进行钻取。相关操作如图 4-2-12 至图 4-2-14 所示。

图 4-2-12　重构后的利润项目明细表格式设置（1）

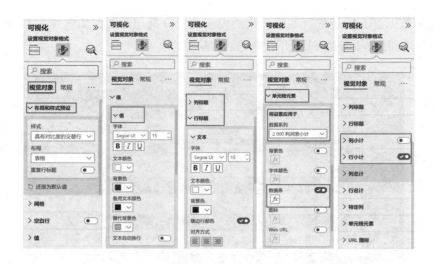

图 4-2-13　重构后的利润项目明细表格式设置（2）

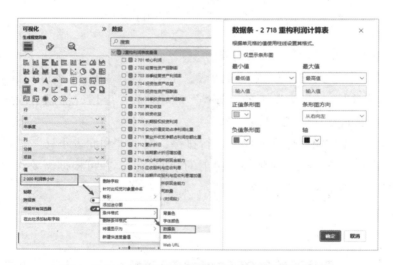

图 4-2-14　重构后的利润项目明细表格式设置（3）

（五）插入毛利额、核心利润与利润总额对比分区图

插入各相关分区图，如图 4-2-15 所示，以比较毛利额、核心利润、利润总额的规模与发展趋势，进一步进行利润结构的内在质量分析，评价企业自身经营活动的盈利能力。第一，毛利额是企业在生产经营过程中销售产品或提供服务所带来的直接利润，代表了企业产品基本的盈利性。毛利额的高低以及走势有助于分析并预测企业的盈利能力和经营效益。第二，核心利润是在毛利额的基础上减去期间费用、税金及附加。一般核心利润越高，盈利能力越强，盈利质量越高。同时，通过比较毛利额与核心利润额的差距大小以及差距走势来分析企业费用控制能力水平。第三，利润总额是指企业在一定会计期间内所获得的全部经营成果，是企业经营绩效的综合体现，如果核心利润占利润总

额的主体地位，则说明企业拥有正常的盈利来源。

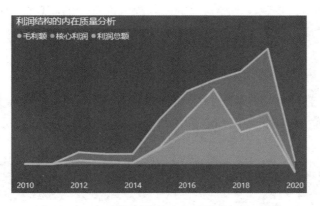

图 4-2-15 利润结构的内在质量分析分区图

步骤 1：插入"分区"视觉对象。

步骤 2：在 X 轴处放置"年"字段，在 Y 轴处放置"毛利额""核心利润"和"利润总额"度量值，并进行格式设置。其中，将该图标题设为"利润结构的内在质量分析"，并对标题设置相应的背景色。

（六）插入经营性、投资性资产及其报酬率折线和堆积柱形图

插入各相关折线图和堆积柱形图，如图 4-2-16 所示，以便于企业利润结构的资产增值质量分析。通过分析企业经营资产与投资资产的报酬率，以评价其相对增值质量，有助于对利润结构与资产结构的匹配性进行分析，作为预测企业可持续发展潜力的重要依据。

图 4-2-16 利润结构的资产质量分析折线图和堆积柱形图

步骤 1：插入"折线图和堆积柱形图"视觉对象。

步骤 2：在 X 轴处放置"年"字段，在 Y 轴处放置"经营性资产"和"投资性资产"度量值，在行 Y 轴处放置"经营性资产报酬率"和"投资性资产报酬率"度量值，将该图命名为"利润结构的资产增值质量分析"，并进行相关格式设置。

（七）插入经营利润与投资收益获现能力折线图

插入相关折线图，直观展示经营性资产与投资性资产的获现能力，以便于对企业利润结构的现金获取质量分析，即对利润结构与对应的现金流量结构的趋同性进行分析与评价，如图 4-2-17 所示。

步骤 1：插入"折线"视觉对象。

步骤 2：在 X 轴处放置"年"，在 Y 轴处放置"核心利润获现能力"和"投资收益获现能力"度量值，将该折线图命名为"利润结构的现金获取质量分析"，并进行相关格式设置。

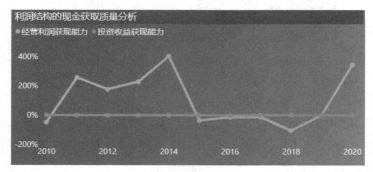

图 4-2-17　利润结构的现金获取质量分析折线图

步骤 3：取消编辑交互。选中年度切片器，点击上方功能区的"格式→编辑交互"，取消年度切片器对本页的分区图、折线和堆积柱形图、折线图的关联。

任务 3　现金流量表交互式分析

📖 任务描述

视频资源

一、任务总目标

本任务结合爬取到的上市公司现金流量表数据进行现金流量表交互式分析，直观呈现经营活动、投资活动、筹资活动净现金值及其按时间变化的分区情况，以及反映现金流量大类结构的瀑布图和现金流量明细表等。其中，具体页面布局可根据分析需要自行设计和改造。

二、任务子目标

现金流量表交互式分析。

三、任务要求

在搭建辅助表的基础上，通过 Power BI 的可视化分析功能进行现金流量表的交互式分析，以评价和预测企业的现金流量与现金获取能力等。其中，具体页面布局可根据分析需要自行设计和改造。

（1）能够通过对企业代码、报表年度、报表季度及金额单位（元、万元、百万、亿元）进行选择，实现可视化数据的交互式切换。

（2）现金流量表分析页面需包含以下要素：

a. 通过现金流量表大类瀑布图，直观呈现每项现金流量表组成部分对现金流量的影响程度及方向。

b. 现金流量表各项目本期、去年同期数据及其变化百分比情况。

c. 呈现经营活动净现金、投资活动净现金、筹资活动净现金数值变化趋势。

d. 直观呈现经营活动净现金、投资活动净现金、筹资活动净现金指标数据。

注意：由于金融业企业财务报表比较特殊，故进行财务大数据分析时，不建议选择金融业企业。

附件： 现金流量表交互式分析的初始化文件 .pbix

　　　　网址：fbda.chinaive.com

📖 任务实施

现金流量表交互式分析可视化总览如图 4-3-1 所示。具体页面布局可根据分析需要自行设计和改造。其中，涉及年度趋势图的视觉对象需取消"年度切片器"对其的编辑交互功能。

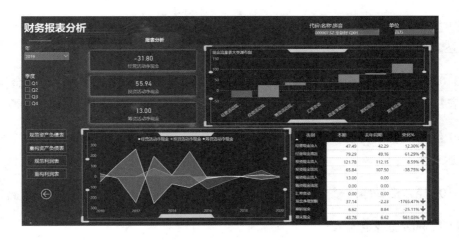

图 4-3-1　现金流量表交互式分析可视化总览

（一）设置筛选条件

可直接复制前述报表分析页面中的"年""季度""代码＼名称＼拼音"和"单位"切片器，也可通过点击上方功能区"视图→同步切片器"进行切片器的同步，这里不再赘述。

（二）编写度量值

步骤1：创建一个存放现金流量表度量值的管理表，以便查找。在上方功能区执行"主页→输入数据"，将该表命名为"3现金流量表度量值"。

步骤2：在功能区中单击"建模"菜单，点击"新建度量值"按钮。

步骤3：依次创建度量值，如果涉及比率、占比等百分比数据，应在功能区设置该度量值格式为百分比类型，并保留两位小数。

（1）现金流量小计

表达式如下：

3000 现金流量表小计 = SUM（'现金流量表 10 年'［金额］）/［1001 计算单位 ］

（2）经营活动现金流入

表达式如下：

3101 经营活动现金流入 = CALCULATE（［3000 现金流量表小计］,'现金流量 - 辅助表'［类别］="经营现金流入"）

（3）销售商品、提供劳务收到的现金

表达式如下：

31011 销售商品、提供劳务收到的现金 = CALCULATE（［3000 现金流量表小计］,'现金流量 - 辅助表'［项目名称］="销售商品、提供劳务收到的现金"）

（4）经营活动现金流出

表达式如下：

3102 经营活动现金流出 = CALCULATE（［3000 现金流量表小计］,'现金流量 - 辅助表'［类别］="经营现金流出"）

（5）经营活动净现金

表达式如下：

3103 经营活动净现金 = ［3101 经营活动现金流入］－［3102 经营活动现金流出］

（6）投资活动现金流入

表达式如下：

3201 投资活动现金流入 = CALCULATE（［3000 现金流量表小计］，'现金流量 - 辅助表'［类别］= " 投资现金流入 "）

（7）投资活动现金流出

表达式如下：

3202 投资活动现金流出 = CALCULATE（［3000 现金流量表小计］，'现金流量 - 辅助表'［类别］= " 投资现金流出 "）

（8）购建固定资产、无形资产和其他长期资产所支付的现金

表达式如下：

32021 购建固定资产、无形资产和其他长期资产所支付的现金 =

CALCULATE（［3000 现金流量表小计］，'现金流量 - 辅助表'［项目名称］= " 购建固定资产、无形资产和其他长期资产所支付的现金 "）

（9）投资活动净现金

表达式如下：

3203 投资活动净现金 = ［3201 投资活动现金流入］– ［3202 投资活动现金流出］

（10）筹资活动现金流入

表达式如下：

3301 筹资活动现金流入 = CALCULATE（［3000 现金流量表小计］，'现金流量 - 辅助表'［类别］= " 筹资现金流入 "）

（11）筹资活动现金流出

表达式如下：

3302 筹资活动现金流出 = CALCULATE（［3000 现金流量表小计］，'现金流量 - 辅助表'［类别］= " 筹资现金流出 "）

（12）筹资活动净现金

表达式如下：

3303 筹资活动净现金 = ［3301 筹资活动现金流入］– ［3302 筹资活动现金流出］

（13）汇率变动

表达式如下：

> 3401 汇率变动 = CALCULATE（［3000 现金流量表小计］,'现金流量 - 辅助表'［类别］= "汇率变动"）

（14）现金净增加额

表达式如下：

> 3501 现金净增加额 =
> SUMX（ALL（'现金流量 - 辅助表'）,［3103 经营活动净现金］+［3203 投资活动净现金］+［3303 筹资活动净现金］+［3401 汇率变动］）

（15）期初现金

表达式如下：

> 3502 期初现金 =
> CALCULATE（［3000 现金流量表小计］,'现金流量 - 辅助表'［类别］= "期初现金"）

（16）期末现金

表达式如下：

> 3601 期末现金 =
> CALCULATE（［3000 现金流量表小计］,'现金流量 - 辅助表'［类别］= "期末现金"）

（17）现金流量表项目

表达式如下：

> 3001 现金流量表项目 =
> SWITCH（SELECTEDVALUE（'现金流量 - 辅助表'［大类］）,
>   "经营活动现金流",［3101 经营活动现金流入］–［3102 经营活动现金流出］,
>   "投资活动现金流",［3201 投资活动现金流入］–［3202 投资活动现金流出］,
>   "筹资活动现金流",［3301 筹资活动现金流入］–［3302 筹资活动现金流出］,
>   "汇率变动",［3401 汇率变动］,
>   "现金净增加额",［3501 现金净增加额］,
>   "期初现金",［3502 期初现金］,
>   "期末现金",［3601 期末现金］
>   )

（18）去年同期现金流量

表达式如下：

3002 去年同期现金流量 = CALCULATE（[3000 现金流量表小计]，
SAMEPERIODLASTYEAR（'时间表' [Date]））

SAMEPERIODLASTYEAR 函数返回去年同期结果，通常用来将本期数据与去年同期数据进行比较。

（19）现金流变化同比

表达式如下：

3003 现金流量变化同比 = DIVIDE（（[3000 现金流量表小计] – [3002 去年同期现金流量]），[3002 去年同期现金流量]）

（三）插入现金流量表大类瀑布图

为了直观对比每项现金流量表组成部分对现金流量的影响程度及方向，插入现金流量表大类瀑布图，如图 4-3-2 所示。由于总计列没有意义，因此可在"视觉对象设置"下的"列"设置中取消总计列。

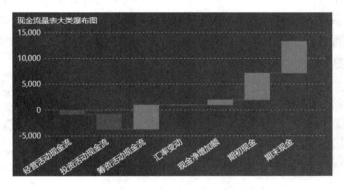

图 4-3-2 现金流量表大类瀑布图

步骤 1：插入"瀑布图"视觉对象。

步骤 2：在类别处放置"现金流量 - 辅助表"中的"大类"字段，在 Y 轴处放入"现金流量表项目"度量值，将该瀑布图命名为"现金流量表大类瀑布图"，并完成格式设置。

（四）新建现金流量项目矩阵

为了反映现金流量类别及其包含的具体项目的本期、去年同期、变化百分比数据，插入现金流量项目矩阵视觉对象，如图 4-3-3 所示。

类别	本期	去年同期	变化%
经营现金流入	47.49	42.29	12.30% ⬆
经营现金流出	79.29	49.16	61.29% ⬆
投资现金流入	121.78	112.15	8.59% ⬆
投资现金流出	65.84	107.50	-38.75% ⬇
筹资现金流入	13.00	0.00	
筹资现金流出	0.00	0.00	
汇率变动	0.00	0.00	
现金净增加额	37.14	-2.23	-1765.47% ⬇
期初现金	6.62	8.84	-25.11% ⬇
期末现金	43.76	6.62	561.03% ⬆

图 4-3-3 现金流量项目矩阵

步骤 1：插入一个"矩阵"视觉对象。

步骤 2：将"现金流量 - 辅助表"中的"类别"和"项目名称"字段先后放入行中，将"现金流量表小计""去年同期现金流量"和"现金流量变化同比"度量值放入值中，并修改值的显示名称，具体操作如图 4-3-4 所示。对于"变化 %"值，添加"图标"条件格式，当变化百分比为正数时，在数据右侧显示绿色上升箭头；当变化百分比为负数时，在数据右侧显示红色下升箭头。

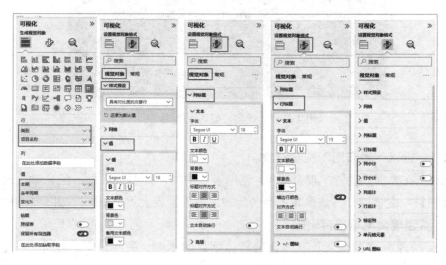

图 4-3-4 矩阵格式设置

点击功能区上的"视图"，打开筛选器，添加"现金流量 - 辅助表"下的"类别"筛选器，将无关的数据取消勾选，具体如图 4-3-5 所示。在分析过程中，可根据需要对矩阵的"行"进行向下钻取，以了解类别下各个现金流量项目的具体情况。

图 4-3-5 矩阵类别筛选器设置

（五）插入现金净流量大类分区图

为了直观呈现经营活动净现金、投资活动净现金、筹资活动净现金数值变化趋势，插入现金净流量大类分区图，如图 4-3-6 所示。

步骤 1：插入"分区图"视觉对象。

步骤 2：将日期表中的"年"字段放入 X 轴，将"经营活动净现金""投资活动净现金"和"筹资活动净现金"度量值放入 Y 轴，并进行格式设置。

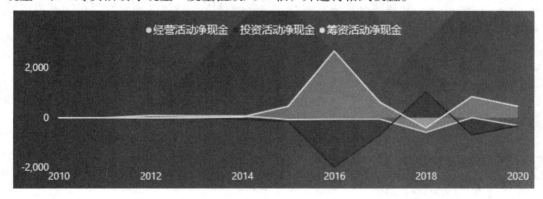

图 4-3-6 现金净流量大类分区图

（六）插入财务指标卡片图

插入财务指标卡片图视觉对象，直观呈现"经营活动净现金""投资活动净现金"和"筹资活动净现金"指标数值。最终效果如图 4-3-7 所示。

图 4-3-7　财务指标卡片图效果

任务 4　企业综合财务交互式分析

📖任务描述

视频资源

一、任务总目标

本任务结合爬取到的上市公司财务报表数据进行企业综合财务分析，以了解企业偿债能力、营运能力、盈利能力和发展能力等情况。其中，具体页面布局可根据分析需要自行设计和改造。

二、任务子目标

企业综合财务交互式分析。

三、任务要求

通过 Power BI 的可视化分析功能，呈现企业综合财务的交互式分析界面。

（1）能够通过对企业代码、报表年度、报表季度及金额单位（元、万元、百万、亿元）进行选择，实现可视化数据的交互式切换。

（2）通过相关财务指标呈现企业的偿债能力、营运能力、盈利能力和发展能力，以实现企业的综合财务分析。

（3）借助综合财务分析工具杜邦分析法进一步对企业财务情况进行分析，要求以直线串联卡片图的形式呈现下述指标：权益净利率、总资产净利率、权益乘数、销售净利率、总资产周转率、净利润、营业收入、资产合计。

注意：由于金融业企业财务报表比较特殊，故进行财务大数据分析时，不建议选择金融业企业。

附件： 企业综合财务交互式分析的初始化文件 .pbix

　　　　网址：fbda.chinaive.com

📖 任务实施

企业财务综合分析交互式页面总览如图 4-4-1 所示。具体页面布局可根据分析需要自行设计和改造。

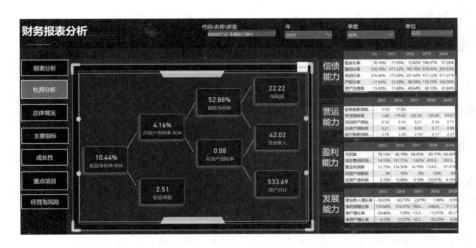

图 4-4-1　企业财务综合分析交互式页面总览

（一）设置筛选条件

可直接复制前述报表分析页面中的"年""季度""代码＼名称＼拼音"和"单位"切片器，也可通过点击上方功能区"视图→同步切片器"进行切片器的同步，这里不再赘述。

（二）编写度量值

步骤 1：创建一个存放综合财务分析度量值的管理表，以便查找。在上方功能区执行"主页→输入数据"，将该表命名为"4 综合分析评价度量值"。

步骤 2：在功能区中单击"建模"菜单，点击"新建度量值"按钮。

步骤 3：依次创建度量值，如果涉及比率、占比等百分比数据，应在功能区设置该度量值格式为百分比类型，并保留两位小数。

（1）权益净利率

表达式如下：

4001 权益净利率 ROE = DIVIDE（［2501 净利润］，［1300 所有者权益］）

（2）总资产净利率

表达式如下：

4002 总资产净利率 ROA = DIVIDE（［2501 净利润］,［1100 资产合计］）

（3）销售净利率

表达式如下：

4003 销售净利率 = DIVIDE（［2501 净利润］,［2101 营业收入］）

（4）总资产周转率

表达式如下：

4004 总资产周转率 = DIVIDE（［2101 营业收入］,［1100 资产合计］）

（5）权益乘数

表达式如下：

4005 权益乘数 = DIVIDE（［1100 资产合计］,［1300 所有者权益］）

（6）现金比率

表达式如下：

4101 现金比率 = DIVIDE（CALCULATE（［1000 资产负债表小计］,
'［属性］=" 货币资金 ",
FILTER（ALL（'时间表'）, '时间表'［Date］= max（'资产负债表 10 年'［报
告日期］)))，
［1201 流动负债］）

（7）速动比率

表达式如下：

4102 速动比率 = DIVIDE（［1102 速动资产］,［1201 流动负债］）

（8）流动比率

表达式如下：

4103 流动比率 = DIVIDE（［1101 流动资产］,［1201 流动负债］）

（9）产权比率

表达式如下：

4104 产权比率 = DIVIDE（[1200 负债合计]，[1300 所有者权益]）

（10）资产负债率

表达式如下：

4105 资产负债率 = DIVIDE（[1200 负债合计]，[1100 资产合计]）

（11）长期资本负债率

表达式如下：

4106 长期资本负债率 = DIVIDE（[1203 非流动负债]，[1203 非流动负债] + [1300 所有者权益]）

（12）现金流量债务比

表达式如下：

4107 现金流量债务比 = DIVIDE（[3103 经营活动净现金]，[1200 负债合计]）

（13）应收账款周转率

表达式如下：

4201 应收账款周转率 = DIVIDE（[2101 营业收入]，[1104 应收账款]）

（14）应收账款周转天数

表达式如下：

4202 应收账款周转天数 = DIVIDE（COUNTROWS（'时间表'），[4201 应收账款周转率]）

（15）存货周转率

表达式如下：

4203 存货周转率 = DIVIDE（[2201 营业成本]，[1105 存货]）

（16）存货周转天数

表达式如下：

4204 存货周转天数 = DIVIDE（COUNTROWS（'时间表'），[4203 存货周转率]）

（17）固定资产周转率

表达式如下：

4205 固定资产周转率 = DIVIDE（[2101 营业收入]，

CALCULATE（[1000 资产负债小计]，

'资产负债表 10 年'[属性]= " 固定资产净值 "，

FILTER（ALL（'时间表'），'时间表'[Date]= max（'资产负债表 10 年'[报告日期]）））

）

（18）流动资产周转率

表达式如下：

4206 流动资产周转率 = DIVIDE（[2101 营业收入]，[1101 流动资产]）

（19）流动资产周转天数

表达式如下：

4207 流动资产周转天数 = DIVIDE（COUNTROWS（'时间表'），[4206 流动资产周转率]）

（20）总资产周转天数

表达式如下：

4208 总资产周转天数 = DIVIDE（COUNTROWS（'时间表'），[4004 总资产周转率]）

（21）应付账款周转率

表达式如下：

4209 应付账款周转率 = DIVIDE（[2201 营业成本]，[1202 应付账款]）

（22）应付账款周转天数

表达式如下：

4210 应付账款周转天数 = DIVIDE（COUNTROWS（'时间表'），[4209 应付账款周转率]）

（23）毛利率

表达式如下：

4301 毛利率 = DIVIDE（[2601 毛利额]，[2101 营业收入]）

（24）成本费用利润率

表达式如下：

4302 成本费用利润率 = DIVIDE（［2401 利润总额］，［2201 营业成本］+［2204 管理费用］+［2203 销售费用］+［2206 财务费用］+［2202 营业税金及附加］）

（25）营业利润率

表达式如下：

4303 营业利润率 = DIVIDE（［2301 营业利润］，［2101 营业收入］）

（26）总资产报酬率

表达式如下：

4304 总资产报酬率 = DIVIDE（［2401 利润总额］，［1100 资产合计］）

（27）营业收入增长率

表达式如下：

4401 营业收入增长率 =
var a =［2101 营业收入］
var b = CALCULATE（［2101 营业收入］，DATEADD（'时间表'［Date］，–1，YEAR））
　　return
　　if（b＞=0，DIVIDE（a–b，b），（1–DIVIDE（a，b）））

（28）营业收入 3 年复合增长率

表达式如下：

4402 营业收入 3 年复合增长率 =
var a =［2101 营业收入］
var b = CALCULATE（［2101 营业收入］，DATEADD（'时间表'［Date］，–3，YEAR））
　　var c = if（b＞= 0，（POWER（DIVIDE（a，b），1/3）–1），（POWER（（1–DIVIDE（a，b）），1/3）–1））
　　return c

（29）营业利润增长率

表达式如下：

4403 营业利润增长率 =

var a = [2301 营业利润]

var b = CALCULATE（[2301 营业利润]，DATEADD（'时间表'[Date]，–1，YEAR ））

return

if（b > = 0，DIVIDE（a–b，b），（1–DIVIDE（a，b）））

（30）净利润增长率

表达式如下：

4404 净利润增长率 =

var a = [2501 净利润]

var b = CALCULATE（[2501 净利润]，DATEADD（'时间表'[Date]，–1，YEAR ））

var c = if（b > = 0，DIVIDE（a–b，b），（1–DIVIDE（a，b）））

return c

（31）资产增长率

表达式如下：

4405 资产增长率 =

var a = [1100 资产合计]

var b = CALCULATE（[1100 资产合计]，DATEADD（'时间表'[Date]，–1，YEAR ））

var c = if（b > = 0，DIVIDE（a–b，b），（1–DIVIDE（a，b）））

return c

（32）净资产增长率

表达式如下：

4406 净资产增长率 =

var a = [1300 所有者权益]

var b = CALCULATE（[1300 所有者权益]，DATEADD（'时间表'[Date]，–1，YEAR ））

var c = if（b > = 0，DIVIDE（a–b，b），（1–DIVIDE（a，b）））

return c

（三）新建综合财务能力分析矩阵

插入偿债能力、营运能力、盈利能力和发展能力分析矩阵，如图4-4-2所示。

偿债能力		2015	2016	2017	2018	2019	20
	流动比率	201.75%	224.52%	189.03%	205.24%	101.52%	149
	产权比率	23.43%	32.73%	48.58%	41.34%	58.97%	60.9
	资产负债率	18.98%	24.66%	32.69%	29.25%	37.10%	37.
	权益乘数	1.23	1.33	1.49	1.41	1.59	
	长期资本负债率	1.68%	0.86%	0.86%	3.77%	4.60%	2.
	现金流量债务	-10.64%	-2.78%	-1.52%	-19.29%	0.12%	-6.

营运能力		2015	2016	2017	2018	2019	2020
	存货周转率	2.20	1.52	1.70	1.89	1.93	0.07
	流动资产周转率	0.78	0.42	0.36	0.46	0.49	0.02
	总资产周转率	0.36	0.23	0.22	0.25	0.27	0.01
	应付账款周转率	3.02	1.90	1.93	1.92	1.67	0.08

盈利能力		2015	2016	2017	2018	2019	2020
	营业利润率	15.11%	30.05%	43.77%	16.88%	17.08%	-90.33%
	总资产报酬率	7%	8%	10%	4%	5%	-1%
	总资产净利率	5.29%	6.48%	8.33%	3.27%	3.80%	-0.90%
	权益净利率	6.53%	8.60%	12.38%	4.62%	6.04%	-1.44%
	销售净利率	14.66%	28.28%	38.17%	13.33%	14.20%	-90.28%

发展能力		2015	2016	2017	2018	2019	2020
	营业收入增长率	321.60%	44.86%	24.25%	10.04%	25.55%	-96.29%
	净利润增长率	2344.14%	179.36%	67.68%	-61.57%	33.78%	-123.55%
	资产增长率	432.52%	128.25%	30.34%	-1.98%	15.08%	-0.09%
	净资产增长率	386.01%	112.25%	16.44%	3.03%	2.32%	-1.30%

图4-4-2 企业财务综合能力分析相关矩阵

步骤1：设定年限范围。点击"筛选器"，将"时间表"表当中的"年"字段加入"此页上的筛选器"，并选择年限范围，具体如图4-4-3所示。

步骤2：插入"矩阵"视觉对象，呈现公司偿债能力相关指标。在"列"字段处放入"时间表"下的"年"，在"值"字段处放入偿债能力相关的度量值，如现金比率、速动比率、流动比率、产权比率等，具体如图4-4-4所示。

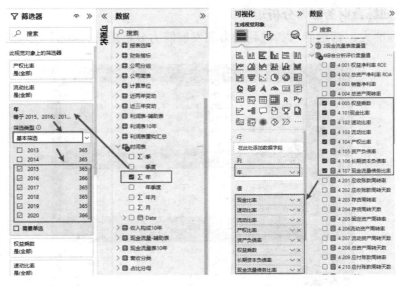

图 4-4-3　设定年限范围　　　　图 4-4-4　插入偿债能力矩阵

步骤 3：调整矩阵格式，具体操作如图 4-4-5 所示。

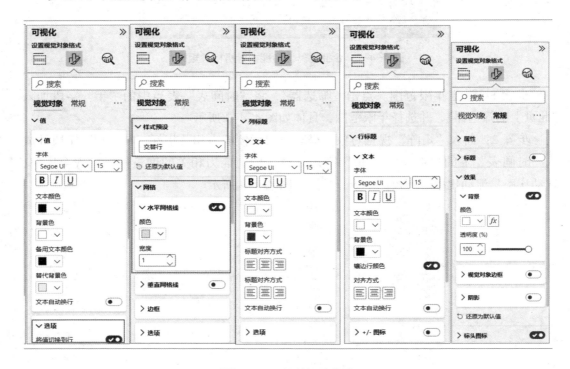

图 4-4-5　调整矩阵格式

步骤 4：根据图 4-4-6 的要求依次创建营运能力、盈利能力和发展能力分析矩阵，可根据需要选取相关指标，并调整矩阵格式。

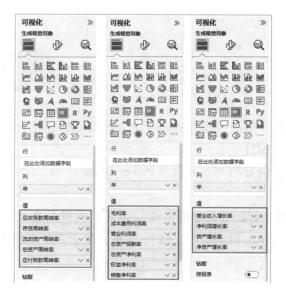

图 4-4-6　创建相关矩阵

步骤 5：取消编辑交互。选中年度切片器，点击上方功能区的"格式→编辑交互"，取消年度切片器对四个矩阵的关联。

（四）新建杜邦分析图

在运用杜邦分析法时，既可以通过"卡片图"视觉对象结合直线形状进行排列，也可采取"分解树"视觉对象直接呈现，本任务选用前者。

按照杜邦分析结构插入相应卡片图，后单击上方功能区"插入→形状"，选择"直线"，通过各条直线将各卡片图位置串联起来，完成杜邦分析图的创建。其中，卡片图标注值字体大小建议为 29，类别标签字体大小建议为 17。最后得到图 4-4-7。

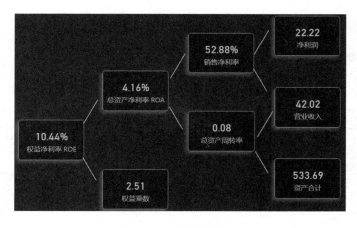

图 4-4-7　杜邦分析体系

参 考 文 献

［1］汪刚.财务大数据分析与可视化：基于 Power BI 案例应用（微课版）［M］.北京：人民邮电出版社，2021.

［2］赵丽生.财务大数据分析与可视化（Power BI 版）［M］.上海：同济大学出版社，2023.

［3］赵悦.Power BI 商务智能数据分析［M］.北京：机械工业出版社，2020.

［4］科鲁索，费拉里.DAX 权威指南［M］.北京：电子工业出版社，2021.